김백봉부채춤

일러두기

본문에 서술된 〈김백봉부채춤〉은 평안남도 무형문화재 지정 종목 명칭을 사용한 것이며
2014년 10월 이전의 기사와 기록을 토대로 한 인용은
원문 그대로 〈부채춤〉으로 표기하였다.

김백봉부채춤

평안남도 무형문화재 제3호

안병주 지음

상상

목차

이 세상에 첫발을 내딛듯, 태양과 더불어 펼쳐나가듯	6
가보(家寶), 김백봉부채춤	8
김백봉의 예술관	11
김백봉부채춤의 창작 배경과 발달	17
김백봉부채춤 군무의 형식 체계	29
김백봉부채춤 독무의 구성원리와 무보	45
에필로그	169

이 세상에 첫발을 내딛듯, 태양과 더불어 펼쳐나가듯

"당신은 양손에 부채를 들고 추면 어떨까?"
남편은 평생의 정점을 찍어줄 부채춤의 단초를 내게 주었다.
그렇지만 내 머릿속에서 꿈틀거리며 덩실거리던 춤사위는 스승의 반대, 이념에 대한 환경적 위축에 부딪히며……

굳이 내 고향 평양에서 공개되지 못했던 자질구레한 이유들을 여기에 풀어놓고 싶지는 않다.
그저 이왕이면 "내 고향에서 첫 무대를 가졌었더라면…….' 하는 짙은 아쉬움만이 오래도록 내 마음에 남을 뿐이다.

피난을 내려와 첫 발표회를 준비할 때였다.
모든 춤이 그러하지만 춤이 만들어지고 다듬어지는 과정은 생각처럼 그리 녹록하지 않았다.

마치 깊은 수렁에라도 빠진 듯,
때로는 대기층의 신기루를 좇아 헤매듯,
만족을 향한 나의 간절함은 끝이 날 줄 몰랐다.

법당에 부처님이 계시고 부채는 향나무를 깎아 만들었는지 그 냄새가 가득하다.

나는 부채를 가리키며

"애개~ 부채가 이렇게 쪼그마한데 그걸 가지고 뭘 할 수 있겠어요?"라고 부처님께 말했다.

부처님께서는

"이 부채는 조그만 부채이지만 이 부채를 펴 보아라!

이 부채를 펴면 방방곡곡에 향나무의 향기가 끝없이 번질 것이다."

나의 꿈은 월남을 해서야 이뤄졌다.

인간이 이 세상에 탄생했을 때 지구상에 첫발을 내딛듯,

그리고 그 순간은 떠오르는 태양과 더불어 펼쳐나가듯,

그런 기분으로 부채춤을 춰 줬으면 좋겠다.

내 춤을 추는 사람은 자기 일에 충실한 매일 아침의 태양처럼

그 춤에 성실하게 임해줬으면 좋겠다.

우리 마음속에 인간으로서 지켜야 할 도리, 책임을 다하는 것으로 충만하면서 말이다.

평안남도 무형문화재 제3호 〈김백봉부채춤〉 창무자

김백봉

가보(家寶), 김백봉부채춤

섬세한 맵시와 유연한 품세(品勢), 그리고 생기를 잃지 않는 생명력
이는 〈김백봉부채춤〉의 본(本)입니다.
부채의 움직임은 춤추는 사람의 혼을 담은 혈류와도 같아서 마치 심장의 연장선처럼 이어지고
견고한 발디딤새는 끓어오르는 감정과 호흡을 고스란히 담아 춤추는 부채의 기품과 격조를 지켜 갑니다.

"덩기덕 쿵다라라라……"
부채로 얼굴을 가린 채 굿거리장단의 첫 울림을 들을 때면 마치 기둥 뒤에 숨어 두근거리던 어린아이를 경험합니다.
두근거림이 서서히 내려가 부채 밖의 세상과 만날 때 그 춤추는 곳 어느 곳이든 언제나 행복하고 감사한 마음으로 이어집니다.

〈김백봉부채춤〉의 본(本)
춤을 출수록 또 전수해 갈수록 '제대로 지켜야 한다'는 철저한 사명감은 저의 마음속 깊이 굳건해져 갔습니다.
이번 무보집은 저의 이러한 소명과 춤춰 왔던 경험이 담겨 있습니다.
그리고 출간은 이러한 마음을 여러분과 함께 나누고 싶다는 소망에서부터 채워 나갔습니다.

서언을 써 가면서 그 언제나처럼, '나는 누구인가?'에 갈피를 못 잡고 글을 썼다 지우기를 수도 없이 반복했습니다.

늘 어머니는 선생님이셨고 그 선생님은 부채춤을 만드신 분이셨고 또 그분이 나의 어머니이십니다.

나의 인생도 그랬고 지금 이렇게 글을 써 내려가는 이 순간에도 그렇습니다.

'나는 누구인가?'

다만 분명한 것은 이번 『김백봉부채춤』 무보집은 곧 여러분 것이고 춤의 가보(家寶)가 되기를 희망할 뿐입니다.

부채와 몸이 하나가 되는 창조적 결정체들,

관객과 교감하는 다양하고 섬세한 감정의 퍼레이드!

이 소중한 가보(家寶)를 물려주신 김백봉 선생님께 큰절을 올립니다.

평안남도 무형문화재 제3호 〈김백봉부채춤〉 보유자

김백봉의 예술관

김백봉은 왜 춤을 추는가에 대하여 "마음이 하나가 되기 위해"라고 말한다.

"심청이 되어 무대에 서면 그곳은 더 이상 제한된 무대 공간이 아니라 바다 위에 떠 있는 배 위였다. 파도 소리와 함께 내 볼의 솜털에 스치는 바람에는 비릿한 바다 냄새가 느껴졌고 배의 흔들림 때문에 속이 울렁거리기 시작했다. 피난 내려오면서 겪은 삶과 이별의 애절함은 생생하게 내 가슴 깊이서 둥당거리며 심청과의 공감을 경험한다. 나는 심청과 하나가 되어 있었다."(박지영, 2005)

'마음이 하나가 된다'는 것은 곧 몰아의 체험을 뜻하는 것으로 이러한 체험은 그가 춤을 어떠한 마음으로 대하느냐 하는 그의 가치관에서부터 비롯된다고 할 수 있다.

그는 "춤추는 순간은 다른 것을 다 잊어버리고 그 춤 자체 안에 자기가 들어가 있기 때문에 그야말로 수도 중에 큰 수도라 생각한다. 왜냐하면 잡념이 없어지니까… 작품마다 작품 세계의 자기가 되어버리니까 그 순간이 너무 행복하기 때문에 여러 세상에 이루어지는 것은 다 잊어버린다."(TV명인전, 2004) "「춤」과 「나」가 하나로 합해진 무념무상(無念無想)의 경지를 터득하려는 예세(藝勢)를 위한 탁마(琢磨)와 정진(精進)은, 이 생명이 다하는 순간까지 계속되리라."(정은혜, 1982)라고 말하고 있다.

그러나 춤이란 의욕만 앞선다고 출 수 있는 것이 아니라 춤을 추는 사람의 겸허하고 진지하며 숭고한 자세에서 비롯된다고 강조한다.

"요즘 분장실에서 마구 잡담하고 소란스러운 모습을 보면 속이 상하다 못해 화가 치밀기도 한다. 한 치의 실수도 용납할 수 없는 것이 공연이라 꼼꼼히 준비하고 점검하는 것은 물론 마음을 정화하는 자세로 임해야 하는데 먹고 떠들고 장난까지 일삼는 모습은 너무나 안타깝기만 하다. 마음을 정화하고 최선을 다해서 춤을 출 때 관객들의 마음은 움직이고 이때 받은 관객의 감동은 평생 동안 자리 잡게 된다. 그래서 나는 춤은 영혼으로 추는 것이지 껍질만 남은 육체만 가지고 추는 것이 아니라 생각한다."(김백봉 증언, 2005)

무대에서 이러한 몰아의 세계로 춤출 수 있게 만드는 것은 마음자세뿐만 아니라 부단한 연습과 훈련에 의해서 가능해질 것이다. 왜냐하면 "인간의 몸은 너무나 정직해서 연습한 만큼 대가를 얻을 수 있기 때문이다."(여원 2월호, 1989) 그러나 연습 과정은 막무가내로 훈련한다고 되는 것이 아니라 과학적이고 체계적인 기술 체계가 선재되어야만 하는데, 김백봉이 우리춤 동작 개발이라는 관심사에 춤 인생의 많은 부분을 할애했던 이유도 이에 기인한 것이라 하겠다.

그는 춤 세계에 근간이 되는 기본동작 구성은 무용수의 기량을 훈련시키기 위한 내용일 뿐만 아니라 모든 동작의 근본 원리가 무대에서 보았을 때 가장 이상적으로 조형될 수 있도록 무용수 스스로가 각인해 가기 위한 훈련 내용이어야 한다고 주장한다. 김백봉은 "춤은 가슴에서 우러나와 추는 것이지만 이미 무대에 오르면 그러한 마음도 주어진 공간의 특성에 맞도록 운신의 폭과 신체의 각도를 자유자재로 조절할 수 있어야 한다."(김백봉 증언, 2005)는 것이다.

왜냐하면 춤은 마음에서 추는 것이지만 그러한 마음도 자신만의 감정에 그치는 것이 아니라 무대 무용으로 올려져 관객에게 전달하려는 것을 목적으로 할 때는 일체의 조형 체계가 관객이라는 대상을 의식하지 않을 수 없기 때문이다.

그에게 있어 무대에서 추는 춤은 철저히 준비된 훈련의 결과임을 알 수 있다. 무용가 조흥동은 이러한 김백봉의 철학에 대하여 다음과 같이 말하고 있다.

"무용 이전에 철학이 있어요. 이분의 춤이라는 것이 처음부터 끝까지 논리가 정연합니다. 그 예를 든다면 춤을 추면 '아 살풀이다' 혹은 '내면의 세계를 펼치는 춤이다' 이렇게만 해설을 붙이는데… 이분의 춤은 동작 하나하나 시선 하나하나를 뭐라 할까요, 과학적이라고 그럴까? 기계적이라고 그럴까? 어떤 그 소위 말해서 육체 언어를 갖고 있죠."(인생 에세이, 1997)

이러한 기본 원칙은 그의 모든 작품 세계에서 적용되고 또 발전되어 왔으며 또 한국 신무용사의 중요 업적으로도 평가되고 있다.

이를 간략하게 정리하면 크게 두 가지로 요약할 수 있는데, 첫째, 모든 움직임에 정확히 정해진 자리가 없고 물줄기의 흐름과 같이 한

없이 연계되어갔던 지난날의 연무행태법(演舞行態法)을 개선하여 분명한 포지션(position)의 개념을 정립하는 일과 둘째, 전통적 세기법의 장점들 즉 작게 세분되어진 동작의 정밀성과 운동 원리의 장점들이 과학적으로 분석되고 정리되지 못한 시기에 쇳덩이 같은 무게, 갱엿 같은 끈기, 비단실 같은 부드러움을 고전 형식으로 체계화하는 한편 이와 대조를 이룰 무대 무용으로서의 확대된 운동 질량을 갖춘 현대 형식을 도입함으로써 새로운 무용미를 정립해 간다는 「맥통원리」[1]를 창출하는 일이다.

이에 덧붙여서 김백봉은 무대에서 시도하였던 춤사위의 양적 증폭이나 무대 도형의 다양화와 같은 제반 작위들은 민족적, 한국적, 정서적, 리듬적 공감을 바탕으로 한 현대적 감각의 주입으로서, 이는 자신의 무용 세계를 추구해가는 형식적인 수단일 뿐, 현대화 그 자체가 목적이 아니었다고 강조한다.

"서양의 모방이라 곡해되는 저의 기교 확대도 사실인즉 잊었던 우리 전통을 되찾아 이것을 정리하고 양식화한데 불과합니다. 회전도 그렇고 도약도 그렇습니다. 거기에 어떤 서구적 계기가 스며 있다면 그것은 대형(formation) 무적(舞跡, line)의 형성과 전개일 것이며 운동의 합리적 연결을 위한 안정이나 대위성의 강조였을 것이라고 생각합니다. 이것을 체계화하여 춤의 형식에 따라 분화된 개별적 기본이 아니라 하나로 집대성한 한국 무용의 기본을 확립해 보자는 게 저의 꿈입니다."(동아방송국, 1976)

그러나 기교 정립의 개발에서 보이는 실체를 두고 김백봉의 예술 정신까지 왜곡하여 단정하는 것은 나무는 보고 숲은 보지 못하는 것과 같다. 오히려 무용을 대하는 자세, 철학, 삶 그리고 거기서 보이는 예술가로서의 집념 등이 본질일 것이다.

김백봉은 최선을 다한 완벽한 춤은 관객의 마음속에 살아남아 영원한 감동을 줄 수 있는 것이기 때문에 춤을 춘다는 것은 "육체를 움직이는 것이지만 사실은 영혼으로 추는 것"(현대불교신문, 1997)이라고 강조한다.

그러나 영혼이 하나의 예술로 승화하기 위해서는 그것이 무엇인가를 무용적인 기술 표현을 통해 실체화시켜야 가능한 것으로, 춤을 추는 사람은 자신의 육체가 녹슬지 않도록 최선을 다해 갈고 닦아야 한다.

---

[1] 맥통원리(脈通原理): 신체의 어떤 부위를 자극해도 감각적 반응은 전신에서 느낄 수 있는 것처럼 손가락 하나, 눈동자 하나, 하다못해 안면 피부를 약간 이완시켜가는 정도의 국소 동작이라 하더라도 그러한 움직임을 일으키게 한 기동인은 다름 아닌 그 자신의 내계 심상이기 때문에 움직임의 파급 효과는 마치 혈맥을 통하듯이 온몸에서 우러나와야 한다는 기술적 차원에서의 이상경을 가리키는 것.

말하자면 그에게 춤은 자신의 내면과 육체가 결합한 영혼의 움직임이지만 이 또한 즉흥적인 감흥에서 비롯되는 것이 아니라 부단한 연구와 노력에 의해서 이루어진다. 노력하는 무용가만이 감동을 전할 수 있다는 김백봉의 철학은 그가 제자를 길러내는 가치관에도 그대로 적용된다.

춤은 몸으로 익히는 예술이기 때문에 어떠한 경우에도 스승이 제자를 대신해서 춤춰줄 수도 없는 일이고 오로지 본인 자신의 노력에 달린 것이라고 강조한다.

"배우고 싶은 사람이 있으면 내가 가지고 있는 것 모두 다 주고 싶다.
하나도 아낄 것 없고, 가지고 있을 필요도 없다.
진실로 공부하고 싶은 사람이 있으면 다 나눠주고 싶은데 흔히 동작만 따가려고 하고,
그러면 난 느끼니까 조금은 미안하지만 싫다."

(인생 에세이, 1997)

라는 그의 말에서 진정으로 춤에 임하는 자세란 무엇인가를 알 수 있다.

김백봉부채춤의 창작 배경과 발달

〈김백봉부채춤〉의 착상(着想)은 1947년 8월경의 평양에서 이루어졌다.

평상시 스승 최승희의 〈무당춤〉을 보면서 부채의 죽선이 갖는 멋과 향기에 깊이 매료되어 있었던 김백봉은 죽선의 움직임을 주제로 한 작품을 구성해야겠다는 욕구에 사로잡히게 된다.

"삼불선이 그려진 무당 부채는 원색적인 토속의 냄새와 밀교적인 요기(妖氣)가 서로 어울리며 형용하기 어려울 정도의 독특한 분위기를 감돌게 하는 것 같았다. 펴고 접을 때마다 공기를 가르는 것처럼 '사르륵' 대는 한지의 오묘한 소리는 마치 속세를 떠나서 누구의 간섭도 받지 않고 조용히 생활을 즐기는 느낌이나 양반들이 산수를 유람하면서 탁! 하고 부채를 펴들고 유유히 바람을 일으키는 상상도 일으키고, 때로는 타오르는 정열을 가슴속 깊이 간직한 채 조용히 참고 견디는 한국 여인네들의 맑은 모습을 떠오르게 하기도 하였다."(김백봉 증언, 2003)

이러한 이율배반적 복합 정서를 하나로 묶어 신구(新舊)가 맞물린 현대적 감각의 한국적인 참신한 멋을 창출하자는 것이 최초의 작의(作意)였던 것이다.

이에 따른 최초의 구상은 기존 부채의 단순한 재활용이 되어서도 아니 되지만, 보편 일반의 그것처럼 단순히 장식품으로 손에 든 채

춤추는 소도구 구실밖에 못해서는 안 된다는 생각이 그 근본에 깔려 있었다.

즉 춤추는 사람의 억제하려고 해도 억제할 수 없는 마음속의 흥분을 부채질해주는 혹종의 인자, 부연하자면 끓어오르는 정감을 춤사위에 전이(轉移)시킴으로써, 춤추는 사람으로 하여금 어느덧 도원경 안으로 접어들게 한다는 춤의 기동인으로 승화시켜 간다는 것이다. 그러므로 부채는 작품의 주체이자 주역이 되어야 했다.

그러나 이러한 김백봉의 뜻을 스승 최승희에게 상의해 보았으나 "무신론적 유물 사회에서 샤머니즘(Shamanism)에다 소재를 구하다니 당치도 않는 일"(이영희, 1977)이라는 반대에 부딪쳤다. 또한 예술 창작의 폭넓은 자유가 허용되지 않았던 북한 정부 당국자에 의해서도 김백봉의 작품 의도는 변증법적 유물론 사회 아래에서 밀교 체제의 전형적 형식이라 볼 수 있는 무속 따위를 소재화한다든가 예술적 미화를 시도한다는 그 자체가 일종의 반동이라는 이유로 수렴되지 못하였다.

그러나 그 뒷면에서 이 착상이 스승의 딸 안성희에게로 넘어가 얼토당토않은 이질(異質)의 부채춤으로 나오게 됨으로써 스승과의 사이에 커다란 간격이 벌어지는 모티브(motive)를 만들어주기도 했다.(이영희, 1977)

결국 그녀의 구상은 한국전쟁 중 남하하여 거처를 옮길 수 있게 되었던 50년대 이후로 미루어야 했으며, 최초의 〈김백봉부채춤〉은 1954년이 되어서야 '김백봉 제1회 작품 발표회(시공관)'를 통해 현현할 수 있었다.

그러나 1953년 'The Weekly Parachute'(1953)에 부채춤 포즈의 사진이 공개된 것으로 보아 비공식적인 발표는 이미 이전에 이루어졌음을 짐작할 수 있다. 김백봉은 제1회 발표회의 총 공연 소요경비 120만원 중 25만원을 부채춤 제작 경비에만 쏟아부을 만큼 그 정열이 대단하였는데, 이것만으로도 그녀가 얼마나 오랜 세월을 고대하며 작품의 형상 과정에 정성을 쏟아왔는지를 알 수 있게 한다.

김백봉의 첫 번째 발표회는 "내가 느낀 것은 그 풍만한 감정의 전개가 언제나 구면을 형성하고도 오히려 작가의 겸손을 의식하는 듯이 표현의 여백을 지니고 있다는 사실에 대해서였다. …(중략)… 한의 감정의 왜곡도, 표현의 무리도 있음을 허용치 않는 엄밀한 밀도가 마치 '노루알-'의 건전한 '톤-'처럼 느껴지는 것이었다."(이활, 1954)라는 평과 함께 종합적인 평론의 주제는 대체로 우리나라 무용 발전사에 하나의 기폭제로써 그 의의가 있었음을 강조하는 뜻으로 일치되고 있었다.

예술가는 항상 자신의 가슴 깊숙한 곳에서 끊이지 않는 창작에 대한 소망을 간직하고 있다. 때로는 막연한 잠재 의식으로 남아 있으면서 자신조차 느끼지 못하는 상태로 이어질 수도 있고, 어떤 때는 맥박이 고동치듯 불안하고 초조한 정서로 소망을 표출하고자 하는 욕구가 팽창되어 있기도 하다. 이를 가리켜 창작의 최초 단계인 '심리적 욕구'라고 하는데, 이미 앞서 언급하였듯이 스승의 춤에서 영감을 받아 부채춤을 만들겠다는 김백봉의 열렬한 염원은 바로 이러한 예술가적 특성 즉 창작 욕구에서부터 비롯하였다고 할 수 있으며, 오늘날의 〈김백봉부채춤〉이 있기까지의 수많은 공연 활동은 그러한 욕구의 발로가 한국의 레퍼토리로 발전해가는 과정이라고 해도 과언이 아니다.

여명기

최초의 〈김백봉부채춤〉은 본래의 작품 의도와 몇 가지 측면에서 차이를 보일 수밖에 없었다. 왜냐하면 전쟁으로 인한 참담한 폐허 속에서 무선(巫扇)은 고사하고 춤을 추는데 사용할만한 크기의 부채는 더더욱 구하기 힘든 상황이었다. 뿐만 아니라 김백봉이 구상하고 있는 부채를 만들어 줄만한 장인(匠人)을 찾아낼 환경도 아니었기 때문에 그녀의 첫 번째 공연(1952)은 '소녀를 위한 소녀들의 부채춤'이란 부제를 내걸고 공연되었고, 그 결과는 한결같이 긍정적 반응이었다.

"소재와 기법 속에 담겨진 아름다운 전통의 향기"
"다양한 춤사위 속에 부조되는 삶의 희열과 낭만"
"고전적 기법 속에 휘황(輝煌)하게 번득이는 현대적 감각"
"천재만이 창출해 낼 수 있는 정·동의 오묘한 조화"(안제승, 1978)

독무시절 전기

　종전(終戰)이 되고 시민 생활이 점차 안정을 되찾아 가는 것과 때를 같이 하여 피난 갔던 장인(匠人)들도 뒤따라 서울로 수복하니, 아쉬운 대로 필요한 무당 부채를 구해서 사용할 수 있게 되었다. 그러나 작품 의도에 걸맞은 디자인으로 춤을 위한 부채를 주문·제작한다든가, 작품 이미지에 어울리게 부채의 그림을 그려서 사용할 수 있는 형편은 아직 아니었으므로, 강한 토속적인 역감이 풍기는 삼불선이 그려진 본래의 모양 그대로의 부채와 그와 어울릴 수 있도록 고구려풍의 몽두리[2]를 약간 변형한 복식을 착용하였다. 그러나 이렇게 되면 또 다른 측면에서 역작용이 일어나, 다른 각도에서의 강한 정서감을 노출하게 될 우려가 있으므로, 이를 중화시키기 위하여 푸른 파도와 연못 위에 연꽃, 그리고 나는 나비의 동양화풍의 자수를 배합하고, 아울러 치마를 빨간색 벨벳 지를 사용함으로써 한층 매력이 돋보이는 자태를 자아내도록 하였다. 이렇게 준비된 그녀의 공식 데뷔는 1954년 11월 26과 27일 양일간에 걸쳐 서울시 공관에서 이루어졌다.

　"모든 예술에 있어서 서정(抒情)이 이것에 기본 요소라고 한다면 이것은 너무나 당연한 말이라 하겠다. 그런데 우리가 말하는 서정의 질은 어떻게 과거와 달라져야 하며 시대와 함께 보다 새로움에 세속 되어가야 하는가? 하는 문제야말로 현대 예술의 길에 투신한 모든 사람 속에 유일한 과제라고 생각한다. 오늘의 우리들에게는 오늘의 서정이라는 것이 있어야 한다고 한다면 새로운 서정의 정립을 위한 요소야말로 예술가의 공통된 견해라 할 것이다. 이번 나는 김백봉 씨의 무용을 보고 이러한 문제들을 좀 더 강하게 느끼게 되었다. …(중략)… 씨가 가진 새로운 리얼리즘(realism)의 각도는 현대 예술의 영역에 들어올 수 있는 충분한 자격을 지니고 있었으며 씨가 구사한 종합된 표현 수단에는 거진 불필요한 부분이 없었다. 그러므로 해서 자연 형성되는 예술 자체의 의미 선명감과 품위를 더해 주었던 것이라고 생각한다."(김규동, 1954) 김백봉의 공연에 붙여진 이러한 평문은 비단 〈김백봉부채춤〉에 국한하여 내려진 것은 아니었지만, 결론적으로 그녀의 작품 세계 전반이 갖는 의의는 분명 무용사에 있어서 비전적 견해의 소산이라고 해석해 볼 만하다.

---

[2] 몽두리(蒙頭里): 춤에 따라 다르지만 보통 초록색 두루마기와 비슷한 모양이며 어깨와 가슴에 수를 놓고 붉은 띠를 맨다.

김백봉 예술의 특징이자 장점이라고 풀이할 수 있는 기법의 진면목은 이미 언급한 바 있듯이 발레와 현대 무용 교수법으로 엄격하게 다져진 신체와 그것을 통해서 조형할 수 있는 고도의 기술성, 그리고 전통적 춤의 무게와 현대 감각이 넘쳐흐르는 풍부한 표현력이 절묘하게 조화를 이루는 것이라 하겠다. 그녀의 이러한 예술적 특성은 국내는 물론 해외에 이르기까지 무대에 오를 때마다 아낌없는 찬사를 받았는데 "김백봉의 전공은 발레일 수 없다. 그런데 여기서 그는 놀랄만한 연기력으로 발레인을 무색케 한다. 이것은 사실 의외의 일로서 그의 건고한 무용 수업의 바탕을 말하는 것이다."(조동화, 1956)라고 한 것이나, "타임(The Times)지로부터 가장 잘 가다듬어진 춤이라는 평을 받은 한국 민속 무용단의 부채춤"(동아일보, 1972)이라 논평된 것은 이를 잘 증명해 주고 있다. 그러한 예술적 우수성은 올림픽조직위원회가 60세를 넘어선 그녀에게 직접 86아시안게임과 88서울올림픽의 안무와 지도를 요청한 것이나, 여기에 부쳐진 세계적인 찬사를 상기해 보는 것을 통해 그것이 결코 과장이 아니었음을 알 수 있다.

남하 이후 처음으로 마련된 김백봉의 첫 무용 발표회에서 그녀가 자신의 독무 작품으로 마련했던 〈부채춤〉의 예술 세계는 수많은 관중들을 사로잡고 말았다. 당시 주한 미문화원(USIS)은 〈부채춤〉을 포함한 〈화관무: 당시 작품명 '고전 형식'〉, 〈지효〉, 무용극 〈우리 마을의 이야기〉를 리버티 뉴스 프로젝트(Liberty News Project)에 포함시켜 문화 영화로 제작하였고 한국 내에 뉴스와 함께 무려 20만 회를 웃도는 상영 기록을 세웠다. 그중 〈부채춤〉과 〈화관무〉는 삽시간에 전국으로 번져 이제는 한국 무용을 대표하는 얼굴로 전 세계에 그 이름과 존재성을 알릴 수 있게 되었다. 너무나 갑작스러운 두각 때문에 예부터 전해진 전통 무용인 양 곡해되고 있지만 오늘의 〈부채춤〉과 같은 양식과 무법은 1952년 이전에 추어졌다는 기록도 없고, 사전에도 분명하게 〈부채춤〉의 창무자가 김백봉임을 증명하고 있다(한국 연극·무용·영화 사전IV, 1985).[3]

그러나 〈김백봉부채춤〉이 본격적으로 보다 많은 세인의 눈길을 끌기 시작한 것은 김백봉이 자신의 개인 발표회를 통해 공식 데뷔한 1954년부터이다.

---

3) 부채춤: 우리나라의 무당춤을 비롯하여 일본의 노, 가부키, 그리고 향토 무용 계열의 여러 춤들과, 중국이나 동남아의 민속 무용이 갖는 재래식 고유명과는 상관없이 일단 부채춤의 범주 안에 집어넣고 파악한다 하여 잘못은 없다. 그러나 부채춤을 좁은 의미에서 이해하려 할 경우 그것은 한 무용 작품의 고유명사가 된다. 즉 1954년 11월 26일~28일에 걸쳐 서울시 공관에서 개최된 '김백봉 무용 공연' 연목의 하나였던 동명 작품 효시로 하는 특정 형식의 무용 작품인 것이다.

독무시절 후기

활발해지는 무용계의 국내 활동과 발맞추어 점차 해외 공연의 빈도가 높아 갔지만 당시 처해진 여건으로 미루어 해외 공연만은 무용가 혼자의 힘으로 마련할 수 없는 일이었고, 그 대신 정부기관이나 공공단체에서 계획하는 해외 공연이 주종을 이루었다.

당시의 한국 문화는 오랜 정치적·경제적 후진성 때문에 널리 세계에 알려져 있지 않은 상태이므로 외국 관객의 시각적인 충족은 물론 역사의 시폭을 길게 잡는 것이 유리할 것으로 판단되는 자멸 심리가 작용하였다. 이러한 그릇된 판단 아래 프로그램 설명문에는 부채춤과 같은 창작 무용이 모두 수백 년의 역사적 배경을 간직하는 유서 깊은 고전 무용인 양 소개되곤 하였다. 그러나 그러한 거짓 선전은 뜻하지 않는 사건이 일면서 오히려 역작용을 불러왔다.

1957년 동남아 순회공연 중 홍콩 공연 때, 〈김백봉부채춤〉에 아낌없는 찬사를 보내던 중국 언론과 지식인들 일부가 필시 중국에서 한국으로 전해진 무용일 것이라는 이색적인 주장을 하고 나왔던 것이다. 그러나 옛 중국 문화는 수없이 한반도에 흘러 들어와 역대 왕조의 문화로 여과되곤 했으며, 이런 문화 정착의 과정은 고구려, 백제, 신라, 고려, 조선에 이르기까지 한결같은 모습일 수 있었으니 유사성을 찾는다 치면 어찌 〈부채〉만에 한정할 수 있겠는가? 여기에 대해 김백봉은 "이는 무척 속상한 일이었다. 복식의 문제일까? 어떤 방법으로든 이러한 오해를 불식시키고 한국의 춤이 얼마나 훌륭한가를 알려야 할 것 같았다."(김백봉 증언, 2003)라고 회고한다.

새로운 복식을 구상하는 작업은 생각보다 수월하지 않았다. 이미 수많은 관중의 머릿속에 부채춤의 의상으로 틀 잡혀 버린 고정 관념을 깨고 그 이상의 매력과 아름다움을 자랑할 수 있는 새 의상을 만들어 낸다는 것이 예상보다도 훨씬 어려운 난제라고 인식되었기 때문이다. 당시 수도사대(현 세종대)에 출강하던 김백봉은 때마침 그 대학 박물관에서 열린 의상 전시회가 있어 관람하는 기회를 갖게 되었다. 전시된 의상 중에는 당의가 전시되어 있었고, 여기서 느끼는 한국의 멋과 기품, 정서는 김백봉의 뇌리에 강렬한 예감으로 다가왔다.

강렬한 볼륨감과 다이내믹한 약동성을 고루 간직하면서도 염려(艶麗)함과 고고함을 강조하는 부채춤의 정서와 조화를 이룰 수 있겠다는 신념을 생기게 했다. 이러한 신념하에 복식의 변화는 추진되기에 이른다. "마치 종(鍾)을 연상시키는 통치마의 팽창은 춤사위의 생동감을 더욱 부조(扶助)시키고, 일단 정(靜)으로 돌아가 다소곳이 맵시를 가다듬을 때면 청초함과 부덕(婦德)함이 느껴지는 이중적 특성이 모두 충족되는 것만 같았다."(김백봉 증언, 2003)고 김백봉은 회상한다.

그러나 문제는 여전히 남아 있었다. 춤에서 '귀태'를 요구한다고 하지만 오히려 넘치는 정염(情炎)이 우선해야 하고, 고요함보다는 동적인 정서가 돋보여야 하며, 귀족적이기보다는 서민적이어야 한다는 〈김백봉부채춤〉의 성정(性情) 외에도, 창부타령의 이미지와 결부시킬 때 개조된 당의의 성격은 전통성을 중시하고 고증을 중시하는 한국적 풍토에선 필시 심한 반발이 일 수도 있기 때문이었다.

이러한 이유로 신중해야 했던 의상 제작은 1964년 문화사절단의 단장으로 캄보디아 순회공연을 떠나야 되는 상황에 놓이면서 더 이상 지체할 수 없는 문제가 되었다. 현재 〈김백봉부채춤〉 독무 의상으로 사용되는 자수화(刺繡畵)가 곁들여진 얇은 황금빛깔의 당의풍 복식은 바로 이러한 상황 아래 문화사절단으로 떠나면서 만들어진 것이다.

캄보디아 공연 성과는 「캄보디아 수상 훈장 수여」라는 코리아타임즈(The Korea Times)의 기사를 통해 쉽사리 짐작해 볼 수 있다. "사이공- 김백봉과 그녀의 6인 고전 무용단은 캄보디아 수상 노로돔 시아누크와 캄보디아 국민 앞에서 펼친 공연으로 해서 그들로부터 많은 갈채를 받았다. …(중략)… 김백봉 씨는 일등 문화훈장을, 다른 여섯 사람은 이등 문화훈장을 정부로부터 수여받았다. 이 훈장은 시아누크 수상이 한국 무용단의 공연을 관람한 후 직접 수여되었다. 공연이 끝나자마자 수상이 직접 훈장을 수여하기 위해 무대에 올라왔다. 시아누크 수상은 전통적인 한국 무용을 감상하기 위해 8월 10일 캄보디아 전역에 대한 그의 시찰마저 중단했다."(The Korea Times, 1964) 캄보디아로 떠나면서 가졌던 기우(杞憂)와는 달리 마치 전부터 그런 의상을 입고 추어왔던 것처럼 많은 사람들로부터 공감을 받는 성과를 올렸다.

잠시 부채에 대하여 부연 설명을 하자면, 현재 시연되고 있는 부채에는 새의 깃털이 달려 있지 않다. 이는 전통적 측면에서나 〈김백봉부채춤〉이 추구하고자 하는 정서적인 면에서 부합되지 않는다고 판단되었기 때문이다. 김백봉에 의하면 당시에는 부챗살 제작에 국내산 대나무를 사용할 수밖에 없었는데, 국내산 대나무는 마디가 짧아 부채의 크기 또한 작을 수밖에 없어 풍성한 복식이나 춤사위의 성격에 비해 왜소해 보이는 부채의 크기를 우모(羽毛)를 붙여 대체할 수밖에 없었던 것이라고 증언하고 있다(김백봉 증언, 2003). 따라서 현재의 부채는 국제 교류가 활발해져 대만산 대나무가 수입됨에 따라 부채 자체만의 멋을 그대로 살릴 수 있도록 다시 제작되었던 것이며, 다만 한시적으로만 〈김백봉부채춤〉 군무가 활성화된 직후 군무진과 솔리스트의 수적 비례를 시각적으로 조절하기 위해 빨강 깃털 또는 흰 깃털을 사용하였었다. 그러나 이러한 대칭적 효과는 부가적으로 추가된 소품의 변화에 의해서가 아니라 솔리스트의 기능적 측면, 즉 기량·무게·깊이 등에 의해 조절되는 것이 춤의 본명이라는 판단하에 더 이상 우모(羽毛)는 사용하지 않고 있다.

군무의 생성과 발달

1968년 한국에서는 멕시코올림픽 미술축제(Mexico Olympic Fine Arts Festival)에 참가하게 됨에 따라 올림픽 정신에 호응하는 집단 형태의 무용을 마련하여야 한다는 의견이 제시되었고, 이에 따라 부채춤도 1명의 독무에서 20명의 군무로 새롭게 구성하게 되었다. 당시 연출을 담당했던 안제승은 42개의 부채가 한 곳에 모여 힘의 응결이 표상될 수 있는 15초 안팎의 대형을 요구하였으며, 김백봉은 이에 호응하여 오늘날 〈김백봉부채춤〉의 또 하나의 상징이 되다시피 한 국화(國華) 상징의 꽃 도형을 창출해내었다. 그렇게 하여 〈김백봉부채춤〉 군무와 함께 참가한 한국민속예술단은 "예(藝)의 금메달"(조선일보, 1968)이라는 찬사와 더불어 금의환향을 하게 된다. 이러한 성과를 발판으로 1970년대까지에 이르는 수많은 국제행사, 예컨대 〈Expo '70〉, 〈1972 뮌헨 올림픽〉, 〈미건국(美建國) 200주년 축하 행사〉(1976) 등에 참가하며 명실공히 세계 속의 한국의 춤으로 그 자리를 굳혀왔다.

그러나 한 가지 간과할 수 없는 문제는, 한국의 무용 예술이 저작권 제도가 미처 자리 잡지 못하고 있었던 시기에 이목을 집중시키며 수많은 사람들에게 추어지고 있었던 만큼 부채춤의 유래와 창무자의 왜곡, 그리고 춤사위의 원형 파괴와 변질과 같은 폐해가 만연되도록 아무런 대책이 없었다는 것이다. 이러한 사실에 대하여 김백봉은 "도입부에서 등장하는 걸음걸이의 자세라든가 부채를 개폐하는 기본사위가 피상적으로나마 용케 모방되고 있었던 것이다. '저작권 침해'라고 피력도 하였고 기법이 적지 아니 왜곡되거나 변질되고 저질화 되어가는 것이 눈에 거슬려 어떤 조치를 취할까도 생각하였으나 반대로 이 무용이 전국에 파급되어 들어감으로써 이룩될 수 있는 어떤 고전화의 계기가 한편으로는 소망스럽기도 하여, 별다른 제스처를 취하지 않았다"고 회고한다. 결국 〈김백봉부채춤〉이 세상에서 사라져 가는 것보다는 추어지는 것이 낫다고 생각한 소박한 진리가 오히려 오늘날 작자 미상의 오랜 전승 무용으로 곡해되고, 양손에 부채만 들고 당의만 입으면 모두 부채춤으로 오인되는 배경이 되고 말았던 것이다.

따라서 이러한 문제를 최소화시키고 바로잡자는 목적 아래 사단법인 무용협회에서는 "무용 역사의 새로운 정립과 한 시대를 살아가는 무용인의 명작품을 후세에 길이 보전함으로써 소망스러운 무용의 발전과 민족 예술의 영원한 보전을 기한다."라는 가치 아래 1992년에 김백봉의 부채춤을 명작무로 지정(유옥재, 2001)하였으며, 2014년에는 평안남도 무형문화재 제3호로 지정되면서 그동안 일반 명사로 불렸던 부채춤은 문화재 종목명인 〈김백봉부채춤〉으로 바르게 불리게 되었다.

평안남도 무형문화재 지정

김백봉이 세계 속에 한국의 춤을 알리며 왕성한 활동을 펼치던 그 시기는 한국 무용 예술의 저작권 제도가 미처 자리 잡지 못하고 있었던 시기였다. 물론 현재도 무용 저작권에 대한 명쾌한 법안이 자리 잡은 것은 아니지만 그래도 도덕적 양심이나 그러한 태도들은 암묵적으로 조금씩 자리 잡아가고 있는 분위기여서 굳이 비교한다면 그 당시의 의식 수준은 지금과는 매우 거리가 멀었던 것이 사실이다. 당시 〈김백봉부채춤〉은 이목을 집중시키며 수많은 사람들에게 추어지고 있었으나 그 유래와 창무자의 왜곡 그리고 춤사위의 원형 파괴와 변질 같은 폐해가 만연되도록 실상 아무런 대책을 세우지 못했다. 오랜 시간 작자 미상의 전승 무용으로 곡해되고, 양손에 부채만 들고 당의만 입으면 모두 부채춤으로 오인되는 배경이 되었다.

그러다가 1992년 사단법인 무용협회가 〈김백봉부채춤〉을 명작무로 지정함으로써 자칫 잃어버릴 뻔한 원작자의 사적 토대를 지킬 수 있게 되었다. 그 후 2014년 10월15일 이북오도문화재위원회는 〈김백봉부채춤〉을 평안남도 무형문화재 제3호 단체종목으로 지정하였으며, 이듬해인 2015년 5월 29일 안병주를 〈김백봉부채춤〉의 보유자로 지정하였다.

제법 오랜 시간을 돌아 자신의 이름을 되찾은 격이다. 그만큼 진정으로 소중함이 무엇인지 그리고 그 소중함을 어떻게 유지하고 나눠야 하는지 그 각오는 단단하고 명확해졌다. 과거 많은 사람들에 의해 부채춤의 화려함은 사람이 주인공이 아니라 장식적 효과에 목적을 둔 부채를 주인공으로 만들어 버렸고 그것을 강조하는 만큼 춤사위는 경박한 이미지로 잘못 전해져 왔다. 〈김백봉부채춤〉의 부채는 처음부터 끝까지 정교함과 섬세함을 첫 번째의 본으로 삼는다. 이는 앞서 언급하였듯이 부채가 주인공이 아니라 춤을 추는 사람이 주인공이기 때문이다. 물론 사람과 부채가 따로일 수는 없다. 그러나 부채가 춤을 추는 사람을 방해하여 한국 춤의 정서를 훼손해서는 안 된다는 것이다. 따라서 문화재로 지정된 이후 〈김백봉부채춤〉의 보존과 전승 근간은 부채를 나의 몸처럼 숨 쉬고 움직이며 춤의 격조를 지켜 가려는 데 있다.

부채의 움직임은
춤추는 사람의 혼을 담은 혈류와도 같아서
마치 심장의 연장선처럼 이어지고,
견고한 발디딤새는
끓어오르는 감정과 호흡을 고스란히 담아
춤추는 부채의 기품과 격조를 지킨다.

김백봉부채춤 군무의 형식 체계

이미지 형상화를 위한 무원배치 원리

무용수의 배치와 배열을 정하는 공간 구도 작업은 독무인 경우와 군무인 경우가 서로 다른 공간으로 생겨난다. 이러한 수적(數的) 질량에 따른 공간의 결정 외에도 무용수 개체의 체형과 동작에 따라 주어진 공간의 성격이 복잡해질 수 있으므로 달리 해석될 수 있다. 다음에 언급되는 무원배치의 원리는 비단 〈김백봉부채춤〉 구도에만 한정되는 것이 아니라 김백봉의 군무 작품에 모두 적용하는 기본 원리이다.

한국 무용은 외국 무용의 경우와는 달리 복식에 의해 신체의 대부분이 노출되지 않는 까닭에 무원의 배치 또는 배열에 있어 주의 깊은 관찰이 선제되어야 한다. 특히 개개의 무원은 독립된 개념으로써가 아니라 전체가 모여 하나의 이미지를 형상화해야 하므로 통일감이 들도록 배열하는데 신중을 기해야 한다.

첫째, 같은 키의 무원으로 구성되었다고 하더라도 얼굴형이나 어깨의 높이에 따라 키가 커 보이거나 작아 보일 수 있다. 따라서 비슷한 키라고 하더라도 어깨가 높은 사람이 낮은 사람보다 키가 커 보이는 것을 고려하여 순차적으로 배열한다.

둘째, 얼굴의 형태는 동일한 키의 군무진 안에서도 다양한 형태를 띨 수 있다. 특별히 대조되는 얼굴의 배열에서는 완충적 얼굴형을 사이에 배치함으로써 전체적으로 유사한 느낌을 만들어 낼 수 있다. 예컨대 달걀형의 얼굴과 각이 진 얼굴형 사이에 둥근형의 얼굴을 배치함으로써 자칫 대조적으로 보일 수 있는 얼굴형 사이에 완충작용을 기한다.

얼굴형 배치도의 예

셋째, 무원들 사이에 서로 기량의 차이가 있을 경우, 기량이 좋은 두 사람 사이에 다소 기능이 떨어지는 사람을 배치하여 서로 간의 보완을 기할 수 있도록 한다.

넷째, 객석에서 멀어진 자리는 키가 큰 사람으로 배치하여 전체적으로 신장이 비슷해 보이는 원근법을 활용한다.

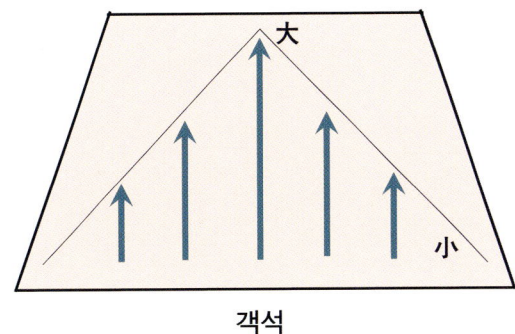

원근법을 활용한 무용수의 무대 배치도 예

이상에서 언급한 기본 원리 외에도 무용수의 표정이나 춤사위의 기량적 경·중감 등은 군무의 배치와 배열 작업에서 고려해야 할 항목이다. 그러나 이 모든 작업조차도 무대의 형태, 즉 '직사각형 무대' 또는 '정사각형 무대' 등의 현장 조건이 고려되어 적용·연출된 것이다. 그러나 무원 개체가 지니는 특성이라던가 무대 구조의 형태보다 더욱 중요한 것은 구성원들 상호 간에 앙상블을 이루는 것으로 모든 무원은 안무자를 통해 작품의 순서보다 그 작품이 지니는 본질과 의도를 명확하게 이해하는 것이 필요하다.

주제 표현을 위한 형식체계: 군무의 무복 구성

구분	독무	군무 A	군무 B
당의	황금빛이 도는 계란색 바탕에 연꽃과 그 줄기, 봉황도안 등의 수가 새겨짐. 단의 둘레에는 파도와 구름을 상징하는 스팽글 또는 보석 장식	분홍빛 바탕에 연꽃과 연꽃 열매(연밥) 수가 놓여있고 앞면과 뒷면에 둥근 흉배가 달림.	옥색 바탕에 문양은 분홍 당의와 동일
치마	빨간색 44인치 폭에 4폭 통치마	보라색 44인치 폭에 3폭 통치마	주홍색(오렌지색) 〈군무A〉와 동일
족두리	오각 솜 족두리로 흑(黑)색 천을 씌워 보석으로 장식	연꽃 형상의 화관을 홍(紅)색 천을 씌워 장식	〈군무A〉와 동일
비녀	사각 백옥 잠(簪)에 보석으로 떨 장식	매화 모양의 백옥 잠(簪)으로 따로 장식 없음.	〈군무A〉와 동일
상징	나비를 소재로 자연을 상징하고 있으며 이는 자유를 의미함.	분홍색과 보라치마 그리고 옥색 당의는 움직임과 함께 조명이 비춰지면 무궁화의 이미지를 이끌어 냄. 주홍색 치마는 특별한 상징적 의미를 부여하기보다는 주인공의 홍치마를 뒷받침해 주는 같은 계열의 색으로 함.	

주제 표현을 위한 형식체계: 군무 구도로 본 내용과 원리

【도입부】

도형	내용	원리
테마 Ⅰ : 우주의 현상		
〈구도 Ⅰ-1〉 태초의 생명	우주 공간에서 내려다 본 지구의 형상을 상징하는 것으로, 섬처럼 산발적으로 흩뿌려져 있는 「대지」를 표현. 이때 독무는 이러한 지구상에 「나의 탄생」을 의미.	제일 작은 그룹은 두 그룹 사이에 위치하도록 하여 삼각 구도의 안정성을 유지함.
〈구도 Ⅰ-2〉 공기의 생명력	인간은 공기 없이 한순간도 살 수가 없다. 이러한 공기가 우주 공간을 가득 메운 모습을 형상화함으로써 지구상에 풍성한 생명력, 즉 「삶의 생동감」을 조형함.	독무를 에워싸고 있는 군무진은 가능한 한 무대를 가득 메워 「우주 공간을 가득 메운 공기」를 최대한 이미지화.

【중추부】

도형	내용	원리
〈구도 I-3-①〉 하늘	하늘에는 오로라가 펼쳐지고,	사선의 맨 앞사람은 사선의 방향을 좌우하는 매우 중요한 역할을 담당.
〈구도 I-3-②〉 땅	땅에는 달팽이 같은 미물까지도 살아 숨쉬며,	「달팽이」를 중심으로 크고 작은 두 그룹이 사선이 되도록 연결의 이미지를 주도록 함.
〈구도 I-3-③〉 바다	바다는 잔잔하고 고요한 느낌으로, 지구의 살아 숨 쉬는 모습을 상징. 태초의 생명들이 공기에 힘입어 생명력을 부여받는 것을 형상함.	앞·뒷줄이 거의 한 줄과 같은 느낌으로 무원 간의 간격을 최대한 좁히되 각 무원의 모습이 가려지지 않도록 일정한 간격을 유지함. 전체의 이미지는 최대한 압축된 느낌으로 모이며 고요하고, 작은 움직임으로 묘사하도록 함.

도형	내용	원리

테마 Ⅱ : 삶의 진리
인간의 삶 속에 반복되는 평범한 일상의 진리를 통해 윤회의 의미를 표현

 〈구도Ⅱ-1〉 일출과 조각배	조각배(군무)와 떠오르는 태양(독무)을 회화적으로 표현. 고요한 바다 위에 밤새워 고기 잡던 조각배들이 일출과 함께 수평선 위에 잔상들을 남기고 사라지는 모습을 형상. 태양은 하루의 시작을 알리는 것이고 조각배는 노동의 수단을 상징하는 것으로, 일상의 시작과 마감을 동시에 표현. 이는 어제와 오늘의 연장선을 암시하는 것으로 안무자의 의도인「윤회」를 간접적으로 묘사.	조각배 내(內)에 자리한 군무진은 가능한 한 소수로 구성하여 독무(해님)가 두각 되도록 배치. 조각배 모양의 바깥 반원은 작게 만들어 양 옆 무대에 여백이 충분히 드러나도록 함. 이는 다음의 구도로 전이하는 과정에 밖으로 펼쳐 나가는 듯한 분산의 느낌을 배가시킴.
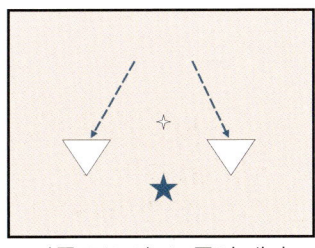 〈구도Ⅱ-2〉 노동의 대가	〈구도Ⅱ-1〉에서 〈구도Ⅱ-2〉까지의 전이되는 과정에서 분산되고 응집되는 구성은 "일하러 가세"를 의미하는 것으로 사람들이 일터로 나가는 모습을 상징. 완성된 〈구도Ⅱ-2〉는 노동의 대가 "돈 주세요"와 수확의 기쁨 "돈이로구나!"를 표현함으로써 인간의 소박한 심성을 표현. "돈 주세요"의 표현은 무속의 굿판에서 영감을 얻음.	양쪽으로 대칭을 이루어 만든 도형은 무원 간의 간격을 최대한 좁힘으로써 여백과 집결 등 공간 구성의 최대 효과를 노릴 수 있음.

도형	내용	원리
〈구도Ⅱ-3〉 얼싸 좋네 지화자 좋네	"얼씨구 좋네", "지화자 좋네", "얼~씨구 좋다"를 묘사하는 동작으로 노동의 대가로 인한 땀의 결실과 희열을 도약과 같은 발랄한 동작으로 구성.	전체 군무진을 하나의 집단으로 볼 때 무대 앞과 뒤가 동일한 양의 여백을 비워두고 중앙 무대를 중심으로 양 옆 무대를 최대한 활용함.
〈구도Ⅱ-4-①〉 기지개 (前) 〈구도Ⅱ-4-②〉 기지개 (後)	〈구도Ⅱ-4-①〉에서 〈구도Ⅱ-4-②〉로 기지개하듯 양손을 펴 올리며 앞·뒷줄이 서로 교차. 이는 최선을 다해 노력한 후 갖는 휴식의 기쁨을 묘사한 것으로, 「교차」가 갖는 의미는 단순히 구도상의 변형이 아니라 「인간 삶의 흐름」 또는 「유동」을 상징하는 의미 부여가 포함된 것임. 즉 안무가는 인간이 살아가는 본질적 전형을 「생(生)의 미(美)」로써 표현함.	교차되어 맨 앞줄로 나온 (B)와 (A)의 간격은 교차의 느낌을 최대한 살리기 위해 (C)와 (A) 간격보다 넓혀 자리 잡음. 〈구도 Ⅱ-3〉보다 전체 구도가 앞 무대를 활용하도록 함.

도형	내용	원리
테마 Ⅲ : 민족애 - 집결, 응집, 결속		
⟨구도Ⅲ-1⟩ 집결	한겨레가 모여 더불어 사는 모습을 묘사. 한 곳으로 집결, 응집, 결속 하는 형상은 강한 민족성을 나타내는 것으로 혼자가 아닌 더불어 사는 아름다운 세상을 묘사.	집결된 지점인 (A)를 향해 이동할 때 가까운 지점의 무원은 보폭을 좁히고, 먼 곳의 무원은 보폭을 넓혀 이동해 가되 시각상으로는 전체가 통일된 힘을 느낄 수 있도록 일정한 리듬감을 유지함.
⟨구도Ⅲ-2⟩ 무궁화	집결된 군무의 구성원은 무궁화의 형상을 만들어 겨레를 상징한다. 무궁화가 돌아가는 구성 기법은 피어나는 무궁화를 표현하며, 한 바퀴 회전하여 도달한 모습은 만개의 형상을 묘사한 것으로 「조국의 번영」과 강한 「민족애」를 상징. 독무의 춤사위는 나비를 상징하는 것으로 꽃과 함께 어우러져 온 지구상에 무궁화의 확산을 예감하게 하는 자연의 조화로써 민족의 번영을 더욱 부조시키려는 의도.	꽃이 한 바퀴 회전할 때 시작과 끝이 동일한 속도로 도는 것이 아니라 출력을 점차적으로 가속화하여 정적인 느낌에서 동적인 느낌으로 마무리 함. 양팔은 팔꿈치를 곧게 펴서 몸체의 밖으로 벗어나지 않게 하며, 몸체가 축이 되어 처음부터 끝까지 일정 모양을 유지하며 회전함. 왼쪽 부채가 오른쪽 부채의 1/3가량 겹치게 하고 오른쪽 옆 사람과는 자신의 오른쪽 부채가 옆 사람의 왼쪽 부채 위로 1/3가량 겹치게 하여 전체가 하나로 연결되어 원을 만듦.

도형	내용	원리
〈구도Ⅲ-3〉 사랑의 힘 : 삶의 목적	사랑은 인생을 살아가는데 있어 이 세상에 존재하는 가장 아름다운 기쁨의 소산이다. 군무진들이 펼쳐 나가듯 전진하여 무대를 가득 메우는 모습은 서로 존중하고, 아끼며 배려하는 사랑하는 마음이 온 누리로 뻗쳐 나가는 것을 상징. 구도상에서 군무진들은 독무의 동선을 따라 움직이는데 이는 사랑과 기쁨을 담아 함께 가는 것을 의미.	「사랑의 힘」이 누에고치에서 실을 뽑아내듯 두 명씩 짝지어 그림의 화살표 방향으로 무대 동선을 최대한 활용하여 마치 출력을 받듯 움직임의 진폭을 점점 확장시킴. (B)지점과 (A)지점에 도착한 두 그룹은 작은 원으로 모였다가 다음 도형 〈구도Ⅲ-4〉를 향해 흩어짐.
〈구도Ⅲ-4〉 사랑의 결정체	독무를 포함한 모든 구성원들이 치마폭을 날리며 태풍의 눈과 같이 점점 세게 돌다가 한 손에 부채를 펴들며 동시에 앉음. 이 모습은 벼 이삭이 영글은 수확의 기쁨처럼 생의 풍부한 희열을 상징하며 가장 테크니컬(technical)한 동작 구성으로 꾸며져 있는 것이 특징.	군무 맨 뒷줄은 최대한 무대를 가득 채우도록 하며, 가운데 줄은 바깥 줄과 간격을 최대한으로 띄어 사이에 여백을 만들고 양 구도 간에 구별이 확실하게 되도록 함.
〈구도Ⅲ-5〉 사랑의 희열	중앙에서는 큰 원을 그리며 연풍대를 몰아 돌고, 양쪽 사선 무대 끝에서는 작은 원을 돌며 한 손으로 풍차가 도는 듯 부채를 돌림. 많고 많은 다양한 사랑의 힘이 서서히 한곳으로 모여드는 것을 표현한 것으로 비례 구도로 자리한 작은 원의 움직임은 사랑의 힘이 한곳으로 모일 때 이는 잔잔한 바람을 상징.	가운데 원은 최대한 크게 만들어 돌아가도록 하고, 양 모서리의 원은 최소화시켜 돌아가도록 하여 비례 구도의 최대치를 느낄 수 있도록 하여야 함. 양쪽 사선 끝의 풍차는 손목만을 이용하여 가능한 한 작은 원을 그리도록 주의.

도형	내용	원리
〈구도Ⅲ-6-①〉인생의 절정기 (前) 〈구도Ⅲ-6-②〉인생의 절정기 (後)	인간이 마지막 목표를 향해 최선을 다하는 모습이 아름답듯, 지금까지의 노력이 최고에 달하는 인간 이상의 극치를 표현. 도약하며 추진하는 움직임은 이러한 극치에서 느껴지는 희열을 온 누리에 광명을 입히듯 번개 빛처럼 강렬한 느낌을 주는 것이 특징.	〈구도Ⅲ-6-①〉, 〈구도Ⅲ-6-②〉 모두 무대 가운데 공간에 여백을 두어 양쪽으로 갈라선 군무진이 출발할 때 최대한의 출력 기운을 느낄 수 있도록 함. 이러한 출력은 앞 동작을 최대한 조용히 마무리함으로써 더욱 배가 되도록 할 수 있음.

도형	내용	원리
〈구도Ⅲ-7-①〉 맴돌이(전이과정) 〈구도Ⅲ-7-②〉 맴돌이	「인생의 절정기」를 마무리하는 의미로 양옆으로 갈라져 모였었던 두 집단이 봇물 터지듯 무대를 가득 매우며 펼쳐짐. 이 구성은 독립된 상징적 표현이라기보다 앞의 〈구도Ⅲ-6〉구성에 대한 클라이맥스(climax)로 볼 수 있음.	앞·뒷줄 무원의 간격을 일정하게 배열하여 사이사이에 그 모습이 드러나도록 함. 우리나라 춤의 크고 작은 매 장단의 전형적 강·약 기복을 피하고 점증법적으로 몰아쳐 감으로써 회오리 치듯 솟아오르는 느낌이 들도록 움직임의 조절에 박차를 더해감.

【결말부】

도형	내용	원리
테마 Ⅳ : 윤회		
〈구도Ⅳ-1〉 가는 해	길게 사선으로 서서 앞뒤로 퇴장하는 군무진은 해가 서서히 저물어 가는 황혼이 깃든 고요한 저녁을 상징.	인생의 많은 것을 마치고 마치 성숙한 관록을 상징하듯 「정·중·동」의 느낌으로 기품 있게 퇴장함.
〈구도Ⅳ-2〉 내일 또 다시	독무가 무대에 남아 아직도 끝나지 않은 또다시 찾아올 내일을 암시. 작품의 주제인 「윤회」로써 작품 전체를 마무리하며 지금까지의 내용을 하나로 통일하는 부분.	무대에 남은 독무는 남은 무대 여백의 허전함이 들지 않도록 최대한 안정되고 편안한 느낌으로 마무리 함.

〈김백봉부채춤〉은 부채라는 소재를 빌어 그 내용을 전개해 나가고 있는 작품이다. 특히 부채는 소품으로서 장식적 효과를 노리려는 단순한 도구로서가 아니라 작품 전체의 주제를 표현하기 위한 춤의 주 표현제, 즉 신체의 연장선상에서 이해돼야 한다. 따라서 부채 사용의 기법은 경박스럽거나 소란스러운 움직임이 아니라 우리 전통 춤사위의 팔 사위가 조형해내는 정(靜)과 동(動)의 절묘한 조화로서 몸체에서부터 호흡으로 조절하며 그려내는 곡선 비례형의 섬세한 미적 조형이 그 근본이 되어야 한다.

그러나 그러한 춤사위는 무대를 전제로 창작되었기 때문에 공간에 대한 절대 의식이 전제 조건으로 작용하여야 한다. 즉 구도마다 조형된 형식은 여백의 미를 존중하며, 소(小) 단위 구도의 변환 과정에서 구도와 구도의 전이를 명확히 하기 위해 이전(以前) 구도의 마무리 동작을 최소한 조용하고 작게 함으로써 시작과 끝의 구분을 분명하게 하는 등 표현 대상인 관객을 최우선으로 의식한 표출행위어야 한다.

이상과 같은 원리를 바탕으로 들여다본 〈김백봉부채춤〉은

첫째, 우주의 만물이 끊임없이 회생(回生)하는 삼라만상(森羅萬象)의 진실은 물론, 사람이 살아가는 동안 되풀이하여 맞게 되는 일상의 흐름을 윤회(輪廻)에 비유하여 작품 전체의 주제로 삼아 풀이하고 있음으로써 김백봉의 관념 세계가 윤회생사(輪廻生死)의 불교적 사상으로부터 영향을 받아왔음을 짐작하게 한다.

둘째, 태양과 공기 그리고 하늘, 땅, 바다 등과 같은 자연의 소재가 작품 전반에 걸쳐 아름답게 묘사되고 있는 점을 통해 김백봉의 자연친화적 사상을 엿볼 수 있다.

셋째, 작품의 중추부에서 다루고 있는 최선을 다해 살아가는 인간의 일상에 대한 표현, 예컨대, 일터로 나가고 여기서 얻은 수확의 기쁨을 느끼며 그 후에 찾아오는 나른한 휴식에 대한 감사 등 우리의 평범한 생활상 안에서 생의 희열을 찾고 있어 작가의 서민적이고 소박한 심상을 엿볼 수 있다.

넷째, 〈김백봉부채춤〉을 상징처럼 대변하는 꽃 모양의 구도는 우리나라 국화인 무궁화를 상징하는 것으로 단순히 꽃의 형상을 만드는데 그 목적이 있는 것이 아니라 꽃이 만개하고 확산되는 표현 형식을 통해 우리 민족에 대한 번영과 자부심과 같은 강한 민족애를

표현하려고 하였다. 따라서 춤사위는 그러한 자긍심을 대변하듯 고고하면서도 귀족적인 반듯한 자태가 중요한 기법이자 원리로 적용된다.

김백봉부채춤 독무의 구성원리와 무보

복식의 구성 : 여성 복식

구성			
	의상	당의	
		겉치마	
		속치마	
		허리 속치마	
	소도구 및 부채	부채 (한 쌍)	
		머리 장신구	족두리
			쪽 / 비녀

당의

엷은 황금 계열의 교직 공단에 앞면은 목단 꽃과 연꽃에 나비가 날아드는 형상의 문양자수를 놓았으며, 뒷면은 앞면과 같은 문양에 봉황새의 문양이 첨가되어 있다.

- 끝동 : 일명 거들지라 하는데, 목단 꽃에 나비가 앉는 형상의 자수
- 깃 : 푸른 계열, 황금 계열, 붉은 계열의 보석 장식
- 고름 : 6㎝ 넓이의 밝은 홍색 계열의 실크 공단
- 옆고름 : 당의의 양쪽 진동 부분에 110㎝ 길이와 6㎝ 넓이의 명주 3색 (비취색, 연한 진달래색, 남비취색) 고름
- 도련 : 당의의 앞과 뒷자락 도련에 황금색 줄 스팽글로 장식

겉치마

말기 부분을 굵은 주름으로 잡은 44인치 4폭 밝은 홍색 계열의 실크 공단 통치마로

밑단 안(內)쪽에 겉감과 구별되는 좀 더 밝은 홍색의 양단으로 단을 침.

속치마

연분홍 명주 44인치 3폭 통치마에 겉 밑단을 9인치 넓이의 금직 분홍으로 장식(경우에 따라 흰색 속치마를 착용할 수 있다).

허리 속치마

명주 44인치의 2폭의 백색 허리 속치마로 겉 밑단에 11인치 넓이의 금직 백색으로 장식.

앞면

뒷면

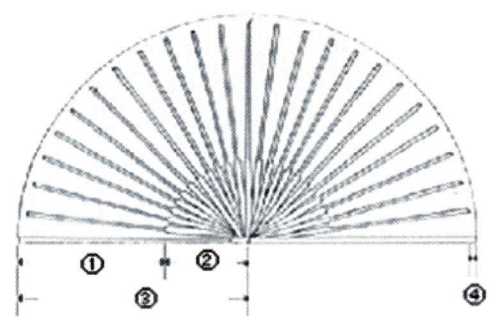

① 24.5 cm

② 13.5 cm

③ 38 cm

④ 0.5 mm

부채살(겉대 포함): 35개, 부채의 호: 180

부채

그림만 있는 쪽이 앞면, 겉대를 포함한 부챗살이 있는 쪽은 뒷면으로 엄지손가락이 앞면에 놓이도록 한다.

목단 꽃은 가운데 꽃이 양쪽의 꽃보다 조금 더 크며 겉대와 한지가 시작하는 지점부터

주홍색에서 노란색으로 한지 바탕을 자연스럽게 번지듯 채워 아침을 상징하였다.

머리 장신구

장신구이므로 족두리를 제외한 나머지는 자유롭게 장식할 수 있다.

- 족두리 : 검정 공단 오각 솜 족두리에 보석 장식을 하고 전면(前面) 4cm가량의 5색 수술로 장식
- 쪽/비녀 : 자주색 댕기와 꽂이(3개)로 장식한 쪽에 머리 부분이 보석으로 장식된 25cm가량의 백옥색 사각 비녀(보석잠)

반주 음악 구성

- 곡명: 창부타령
- 악기편성: 독무 - 피리 1, 가야금 2, 장고 1
  　　　　　 군무 - 피리 1, 가야금 2, 장고 1, 소바라 1

　악기 편성에 있어 독무에 비해 군무의 편성이 늘어난 것을 알 수 있는데, 이는 무용수의 수적 증가만큼 음량의 증폭을 꾀하려는 목적 하에 구분을 둔 것이다. 그러나 오늘날의 반주 음악은 독무와 군무를 따로 사용하지 않고 군무의 그것과 동일하게 사용되고 있는데 이는 창작 초기에 사용하였던 생음악 반주를 고집할 경우 잦은 공연 횟수에 비례하여 높은 인건비를 감당하기 어렵다는 점과 대체효과로써 음향시설의 발전으로 인한 녹음된 반주 음악 사용이 가능해졌기 때문이다. 그러나 녹음된 음악을 사용함으로써 생음악 반주가 부여할 수 있는 현장성이나 생동감의 효과가 감소될 수 있다는 단점은 간과할 수 없는 부분이기도 하다.

　창부타령은 서울지방에 전승된 무가(巫歌)의 일종이며, 노랫가락과 함께 속화(俗化:Popularization)된 곡이다. 「굿거리장단」의 굿거리 기본 구조는 12/8 박자이지만, 부채춤에선 필요에 따라 기본형인 「굿거리장단」과 함께, 「자진모리 빠른 12/8박자」를 빠르고 느리게 변박하여 복합적으로 바꾸어 사용한다. 또한 1분절 2장단에, 7분절 14장단으로 이루어지는 한 소절의 기본 구조도 필요에 따라 1장단~1분절이라든가 3-5장단~1분절로 변형해서 연주하며, 멜로디의 길이도 자유자재로 변화시켜 2배수 또는 3배수까지 늘려 잡기도 한다.

기본 부채 춤사위

〈김백봉부채춤〉의 기본동작은 크게 선례적으로 내려오는 한국 춤사위의 보편화한 인체 운동 개념에 근거하여 조형된 「무태(舞態)사위」와 창무자의 주제성에 입각하여 표현내용을 담아 만들어진 「상징사위」로 분류된다. 부연하자면 「무태사위」는 상체 또는 하체의 운동성에서 비롯된 형태적 특징에 기초로 하고 있으며, 「상징사위」는 몇 개의 연계(連繫)동작의 연속성에서 상징되어지는 창무자의 표현세계를 바탕으로 조형되어 있다. 따라서 「무태사위」의 동작 명칭은 부채의 조형을 담당하는 상체 사위와 운동적 기능을 담당하는 하체 사위가 서로 분류되어 나타나고 있으며, 「상징사위」는 표현하려고 하는 주제를 바탕으로 조형되는 동작이기에 상체와 하체를 분리하지 않고 전체 움직임으로 그 명칭이 주어진다. 그러나 기본동작이란 본시 춤이라고 하는 종합된 조형세계를 그 이상형에 가깝도록 구현하기 위해 습득해야 하는 원리적 측면일 뿐이지 춤 그 자체일 수는 없다. 〈김백봉부채춤〉에 있어 부채는 장신구(小道具)나 장식물이 아닌 춤사위의 기동인이며 사람과 부채가 혼화된 하나의 표현세계로써 구현한다는 데 그 본명이 있다.

무태사위

기본 부채사위

부채를 사용하여 독특한 춤사위로 표현하기에 앞서 춤의 표현을 위한 주 매체로서의 부채를 어떻게 바르게 사용하느냐에 따른 기법 분류이다.

- 접사위 : 부채를 접는 사위

  부채 목살의 끝부분부터 군안까지가 손바닥으로 감싸지도록 하여 개개의 속살이 가지런히 모여지도록 부채를 접는 사위로써 각각의 분리된 동작의 마무리를 주로 담당한다. 따라서 호흡을 가다듬어 몸체 안으로 끌어안듯 조용하고 다소곳하게 접는다.

- 편사위 : 부채를 편 사위

   부채의 선목이 부채 속살에 접히지 않도록 모두 드러나게 하는 편 사위로써 선면은 평평하게 완전히 펴지도록 한다. 주로 동작의 시작을 담당하며 이때 몸체는 호흡을 들이마시면서 펴는 팔은 오히려 몸체의 밖(外)으로 밀어내듯 동시에 행하는 것으로 변죽(갓대)의 한쪽 면이 팔에 닿아 평행이 되도록 하여 선면의 소재인 한지가 경쾌한 소리를 내며 펴지도록 한다.

무태사위

사진	동작명	설명
	하·전(下·前)접사위	부채를 가지런히 접어 부채의 군안을 잡은 손등이 위로 향하도록 하여 장딴지(허벅지) 위에 단정하게 올려놓는 사위로써 주로 마무리 동작에 사용된다.
	어깨접사위	부채를 접어 잡은 한 팔을 한쪽 어깨 위에 마치 짚어지듯 업는 사위로써 굽혀진 팔꿈치가 비껴 사선 아래로 향하도록 하여 안정적이고 차분한 인상을 주도록 한다.

	한손겨드랑이사위	한 팔이 몸체 앞 방향에서 반대쪽 겨드랑이로 가져간 접사위를 말한다. 겨드랑이 쪽으로 옮겨간 팔의 손목은 손등이 몸체 쪽으로 향하도록 하여 약간 꺾어 부채의 선두가 늘어지지 않도록 한다. 이때 어깨부터 부채의 선두까지의 흐름은 마치 몸체의 앞면을 감싸 안는 듯한다.
	머리위로세우는사위	한 팔을 머리 위로 곧게 펴 들어 부채의 앞면이 정면을 향해 받쳐 세운 사위를 말한다.
	앞으로모으는사위	편 부채를 앞면이 정면을 향하도록 겹쳐 모아 가슴 앞에 양팔 굽혀 모은 사위로써 겹쳐진 양 부채가 어느 한쪽으로 기울어지지 않도록 수평을 잘 유지해야 한다.
	밀어내는사위	〈받쳐드는편사위〉에서 손목을 앞쪽으로 반바퀴 돌려 부채의 앞면은 양 옆을 향하고 선두는 위로 향하게 하여 몸체로부터 옆으로 밀어내듯 하는 사위이다. 이때 선두의 중심이 앞이나 뒤로 기울어지지 않도록 한다.

※ ↓ : 연속 동작을 의미한다.

	상(上)사위	한 팔 또는 양팔을 비껴 사선 머리 위로 부채를 편 사위로써 어깨부터 부채까지 굽어진 부분이 없도록 주의한다.
	평(平)사위	양팔을 벌려 어깨 높이에서 부채를 편 사위로써 부채의 끝이 어깨 아래로 늘어지지 않도록 한다.
	하(下)사위	한 팔 또는 양팔을 비껴 사선 허리 아래로 부채를 편 사위를 말하며, 기법은 상(上)사위와 동일하다.
	허리감는접사위	허리를 중심으로 한 손은 몸체의 앞에 다른 한 손은 몸체의 뒤에 앞뒤를 감싸듯이 끌어안는 동작으로 이때 양손바닥은 위쪽을 향하도록 하되 감은 팔이 허리 중심 이하로 늘어지지 않도록 주의한다. 주로 동작의 마무리 동작과 준비 동작에 사용되며 부채를 접어 감는 〈허리감는접사위〉와 부채를 펴서 감는 〈허리감는편사위〉가 있다. 〈허리감는편사위〉의 경우 허리 앞쪽의 부채는 부채의 앞면이 정면을 향하도록 하며, 허리 뒤쪽의 부채는 부채의 앞면이 등을 향하도록 한다. 몸체의 앞에 놓이게 되는 손을 기준으로 〈오른손허리감기〉 또는 〈왼손허리감기〉로 구분지어 명칭한다.
	허리감는편사위	

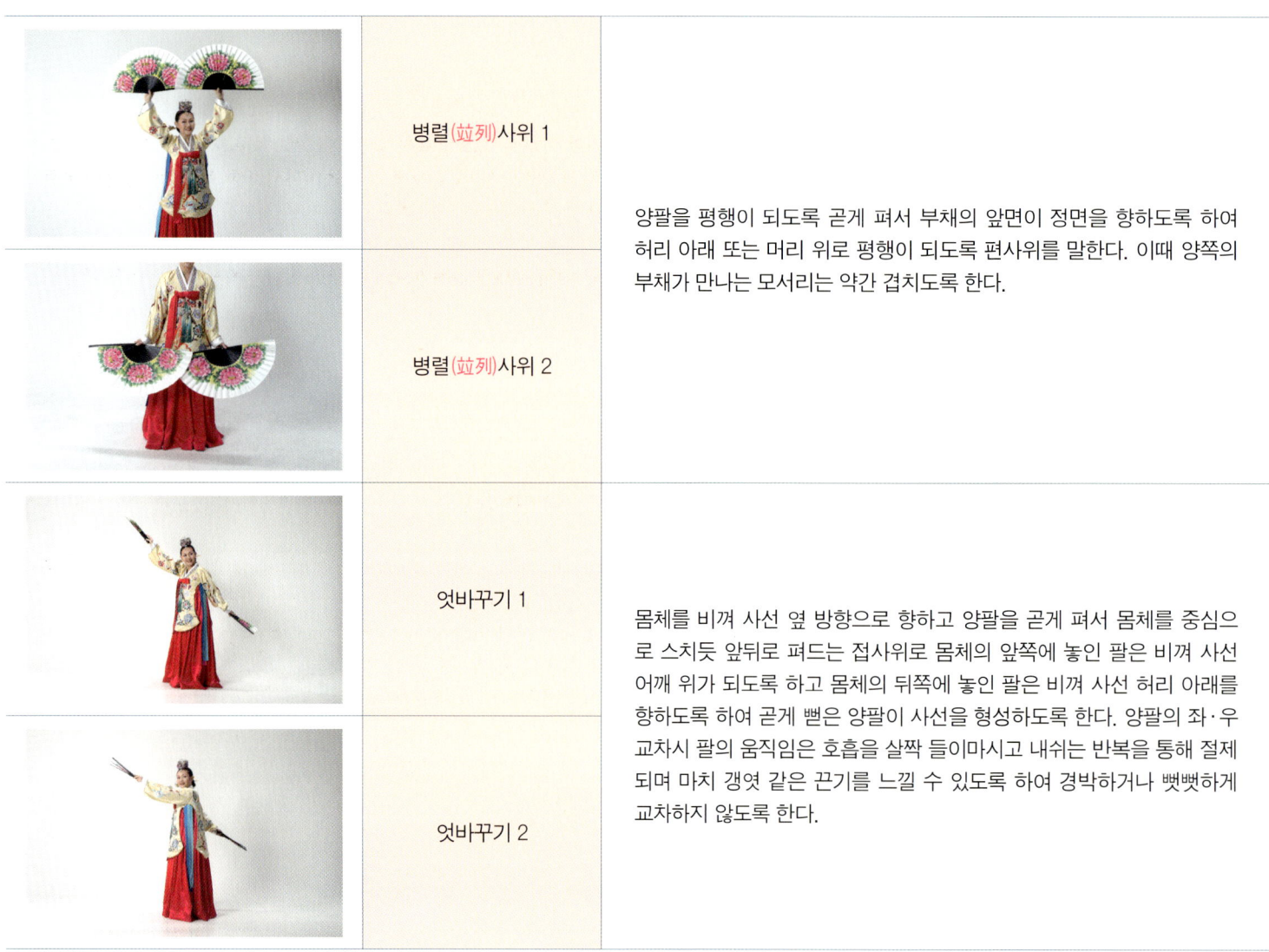

	병렬(竝列)사위 1	양팔을 평행이 되도록 곧게 펴서 부채의 앞면이 정면을 향하도록 하여 허리 아래 또는 머리 위로 평행이 되도록 편사위를 말한다. 이때 양쪽의 부채가 만나는 모서리는 약간 겹치도록 한다.
	병렬(竝列)사위 2	
	엇바꾸기 1	몸체를 비껴 사선 옆 방향으로 향하고 양팔을 곧게 펴서 몸체를 중심으로 스치듯 앞뒤로 펴드는 접사위로 몸체의 앞쪽에 놓인 팔은 비껴 사선 어깨 위가 되도록 하고 몸체의 뒤쪽에 놓인 팔은 비껴 사선 허리 아래를 향하도록 하여 곧게 뻗은 양팔이 사선을 형성하도록 한다. 양팔의 좌·우 교차시 팔의 움직임은 호흡을 살짝 들이마시고 내쉬는 반복을 통해 절제되며 마치 갱엿 같은 끈기를 느낄 수 있도록 하여 경박하거나 뻣뻣하게 교차하지 않도록 한다.
	엇바꾸기 2	

	감아엎으기 1	접사위의 하나로 허리 앞쪽에 감았던 팔을 손바닥이 위로 향한 채 허리 아래로 펴 내렸다가 비껴 사선 가슴 높이까지 받쳐 든 다음, 손등이 위로 가도록 손목을 돌려 앞쪽으로 팔 펴 엎는 사위를 말한다. 이때 편 팔은 어깨부터 부채의 선두까지 물 흐르듯 완곡한 유선형을 그리되 손목은 누르듯 약간 꺾어 부채의 선두가 아래로 향하지 않도록 주의하여야 한다.
	감아엎으기 2	
	업는접사위	부채를 접은 상태에서 부채의 면이 바닥과 수평이 되도록 하여 허리로 업는 자세를 말한다.
	업는편사위 〈한 손〉	**업는편사위 : 한 손/양손** 채의 앞면이 등과 마주 보게 하여 한 손 또는 양손이 허리 뒤로 업는 자세를 말한다. 이때 부채를 잡은 손등은 옆구리와 등이 만나는 지점에 올려놓아 펴진 부채의 모양새가 마치 등 뒤에 날개가 달린 듯 받쳐 안도록 한다.
	업는편사위 〈양손〉	※ 양팔 또는 한 팔을 굽혀 등에 업는 사위로 이때 부채를 잡은 손바닥이 위로 향하도록 한다.

	밀어획긋기 1	〈허리감는편사위〉에서 몸체 앞쪽의 팔을 부채의 앞면이 정면을 향한 채 아래로 내렸다가 부채를 서서히 180° 돌려가며 비껴 사선 위로 획을 긋듯 들어 올리는 사위이다. 따라서 비껴 사선으로 들어 올릴 때의 선두는 아래를 향하게 된다.
	밀어획긋기 2	※ 부채의 갓대와 선면이 만나는 끝점이 마치 획을 긋는 듯 반원을 그리며 펴들거나 내리는 사위를 말한다. 획 긋기는 몸체 쪽에서 밖으로 획을 그려내는 〈밀어획긋기〉와 위에서 시작하여 아래로 내려오며 획을 그려내는 〈당겨획긋기〉로 나누어진다.
	당겨획긋기 1	
	당겨획긋기 2	부채의 선두가 위를 향하도록 하여 비껴 사선 위로 팔 펴든 자세에서 밖으로 밀어내듯 반원으로 획을 그어가며 허리 아래 비껴 사선으로 내려오는 사위이다.
	당겨획긋기 3	

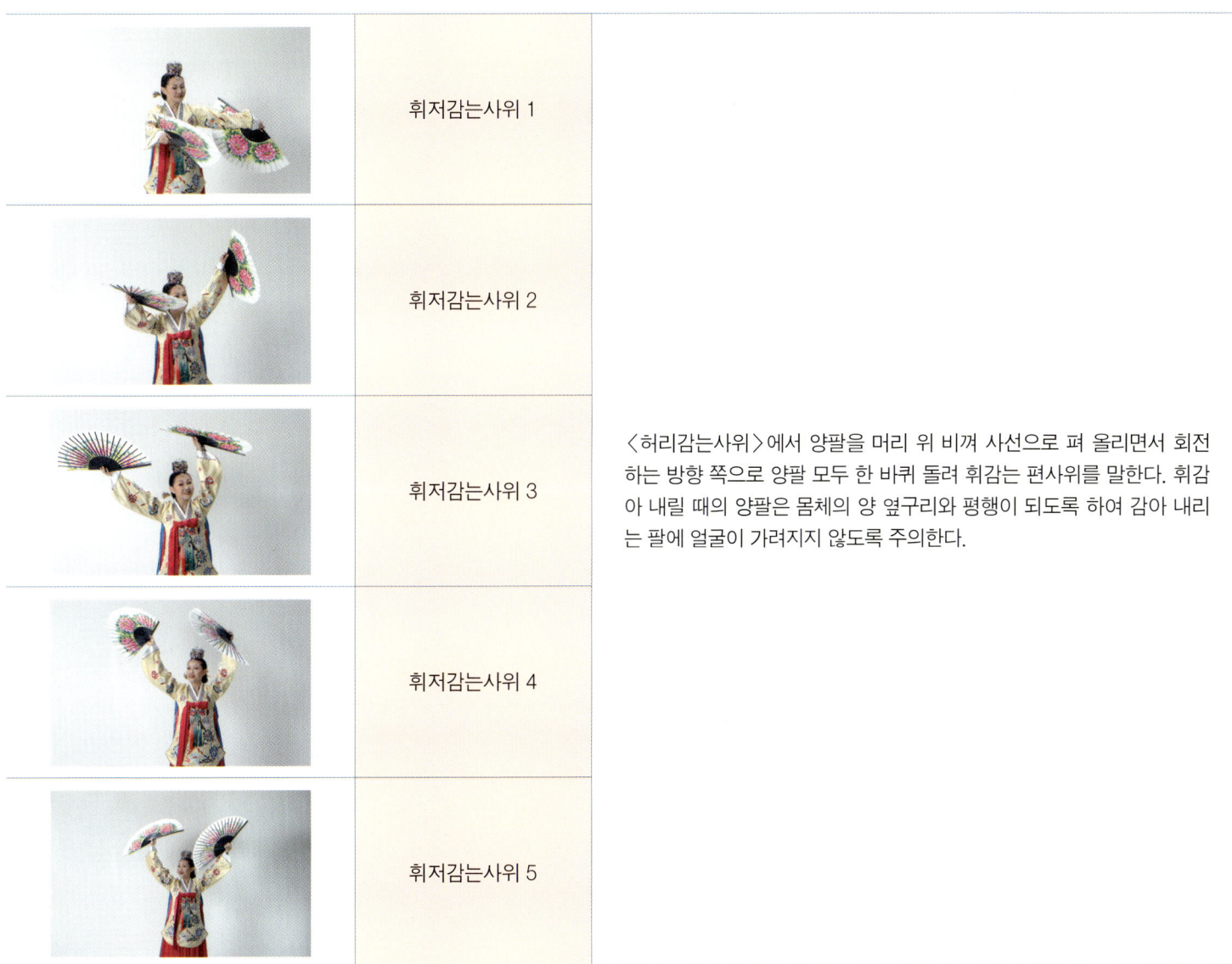

〈허리감는사위〉에서 양팔을 머리 위 비껴 사선으로 펴 올리면서 회전하는 방향 쪽으로 양팔 모두 한 바퀴 돌려 휘감는 편사위를 말한다. 휘감아 내릴 때의 양팔은 몸체의 양 옆구리와 평행이 되도록 하여 감아 내리는 팔에 얼굴이 가려지지 않도록 주의한다.

	팔펴누르는사위 1
	팔펴누르는사위 2
	팔펴누르는사위 3
	팔펴누르는사위 4

어깨 높이로 양팔을 벌린 편사위에서 목살을 아래로 잡아당기듯 비껴 사선 아래로 끌어내리는 사위로써, 위(上)를 향하고 있던 선두는 아래 방향으로 무겁게 누르듯 내려오는 느낌을 주도록 한다.

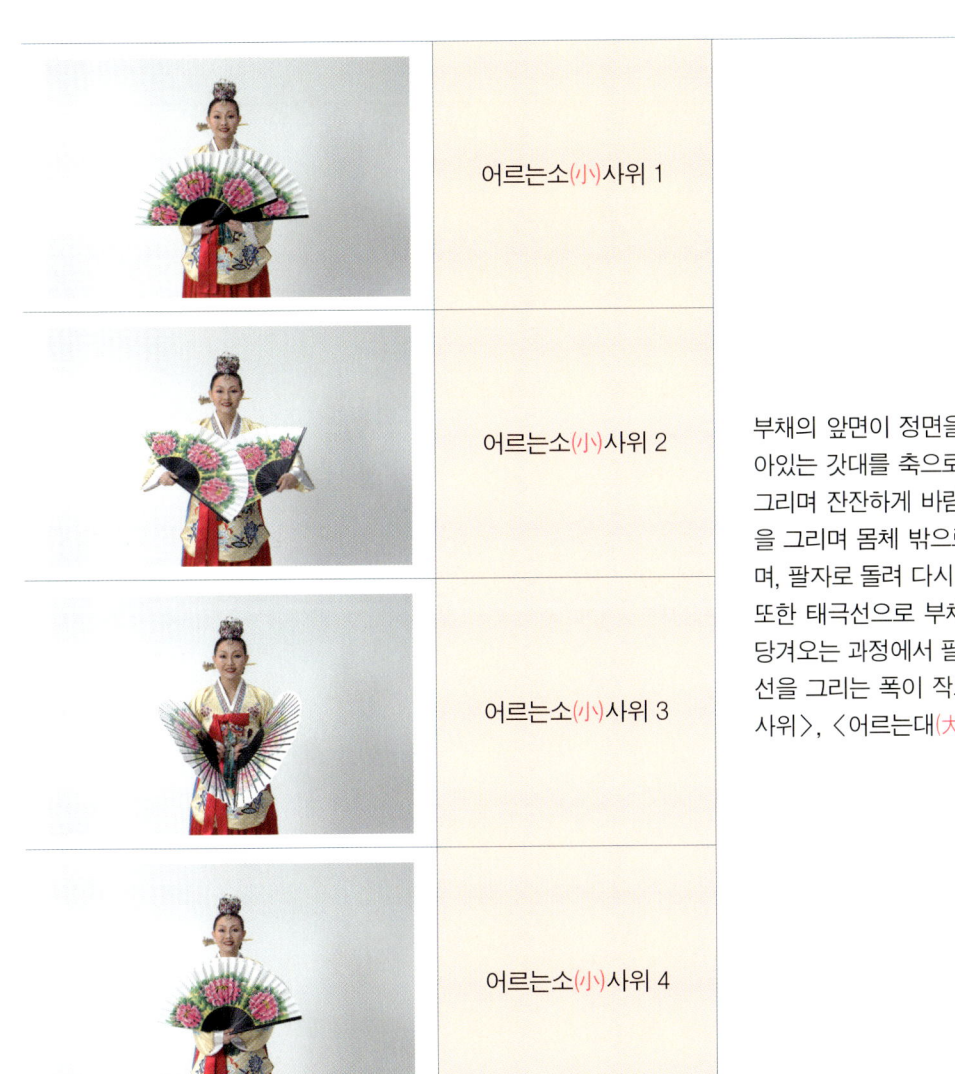

부채의 앞면이 정면을 향하도록 펴 안은 상태에서 부채를 잡은 팔에 닿아있는 갓대를 축으로 하여 반대쪽 갓대의 움직임을 시작으로 태극선을 그리며 잔잔하게 바람을 일으키듯 부채질하는 편사위를 말한다. 태극선을 그리며 몸체 밖으로 밀어낼 때 부채사위는 아래로 누르듯 돌려 내밀며, 팔자로 돌려 다시 감을 때는 몸체로 끌어들이듯 정성 들여 당겨온다. 또한 태극선으로 부채를 움직일 때 팔에 닿아있는 한쪽 갓대는 내밀고 당겨오는 과정에서 팔과 떨어지지 않도록 주의한다. 어르는 사위는 태극선을 그리는 폭이 작고 큼에 따라 〈어르는소(小)사위〉, 〈어르는중(中)사위〉, 〈어르는대(大)사위〉로 구분된다.

	어르는중(中)사위 1	
	어르는중(中)사위 2	※ 〈어르는소사위〉 설명 참조
	어르는중(中)사위 3	
	어르는중(中)사위 4	

	어르는대(大)사위 1	※ 〈어르는소사위〉 설명 참조
	어르는대(大)사위 2	
	어르는대(大)사위 3	
	어르는대(大)사위 4	

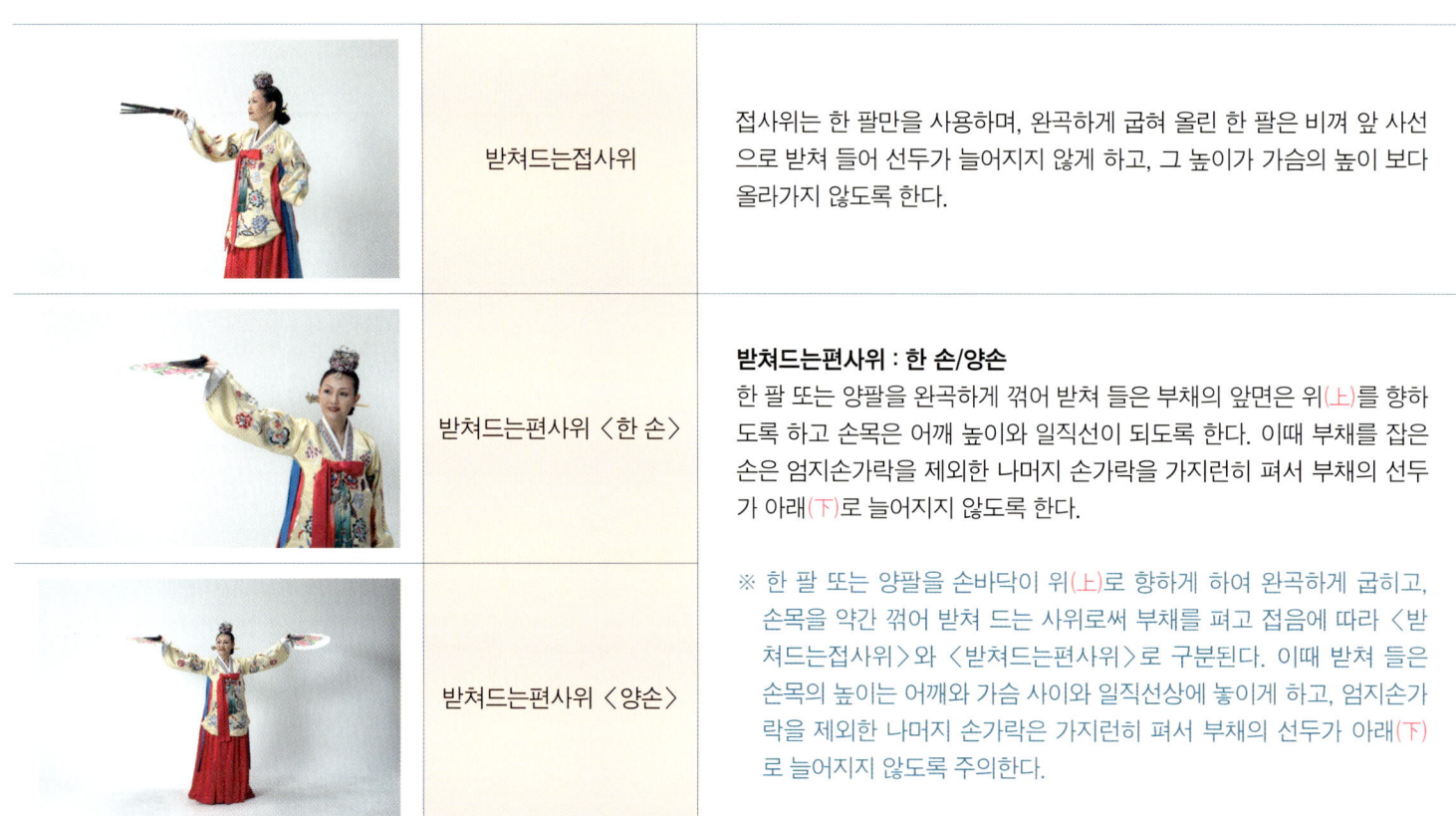

받쳐드는접사위	접사위는 한 팔만을 사용하며, 완곡하게 굽혀 올린 한 팔은 비껴 앞 사선으로 받쳐 들어 선두가 늘어지지 않게 하고, 그 높이가 가슴의 높이 보다 올라가지 않도록 한다.
받쳐드는편사위 〈한 손〉	**받쳐드는편사위 : 한 손/양손** 한 팔 또는 양팔을 완곡하게 꺾어 받쳐 들은 부채의 앞면은 위(上)를 향하도록 하고 손목은 어깨 높이와 일직선이 되도록 한다. 이때 부채를 잡은 손은 엄지손가락을 제외한 나머지 손가락을 가지런히 펴서 부채의 선두가 아래(下)로 늘어지지 않도록 한다.
받쳐드는편사위 〈양손〉	※ 한 팔 또는 양팔을 손바닥이 위(上)로 향하게 하여 완곡하게 굽히고, 손목을 약간 꺾어 받쳐 드는 사위로써 부채를 펴고 접음에 따라 〈받쳐드는접사위〉와 〈받쳐드는편사위〉로 구분된다. 이때 받쳐 들은 손목의 높이는 어깨와 가슴 사이와 일직선상에 놓이게 하고, 엄지손가락을 제외한 나머지 손가락은 가지런히 펴서 부채의 선두가 아래(下)로 늘어지지 않도록 주의한다.

상징사위

사진	동작명	설명
	만개(滿開)사위 1	
	만개(滿開)사위 2	꽃이 활짝 피는 듯한 형상의 편사위를 말하는 것으로, 몸체 앞쪽에서 머리 위로 던지듯 펴 들어 반원을 그려 어깨 높이로 펴 내리는 사위이다.
	만개(滿開)사위 3	
	만개(滿開)사위 4	

양팔을 머리 비껴 사선 위로 들어 올림과 동시에 번쩍이듯 부채를 폈다가 재빨리 양팔을 끌어내려 〈하전사위〉를 취하는 것을 반복하는 사위이다. 이때 한쪽 발은 〈무릎굽혀들기〉 자세를 취하고 다른 한쪽 발은 전진하는 방향으로 내디뎌 위로 뛰어오르며 한 바퀴 돌아 〈하전사위〉를 취함과 동시에 양발을 모아 붙여 무릎을 구부린다. 〈번개사위〉는 부채의 펴고 접는 빠른 연계성과 뛰어오르는 도약이 동시에 이루어져 조화를 이룸으로써 마치 광채가 눈앞에서 순식간에 펼쳐지듯 강렬한 인상을 주는 것이 특징이다.

	얼씨구절씨구사위 1
	얼씨구절씨구사위 2
	얼씨구절씨구사위 3
	얼씨구절씨구사위 4

한 팔은 비껴 사선 머리 위, 다른 한 팔은 몸체 중앙에 모은 사위를 팔 바꿔가며 교대로 반복하는 사위로써 이때 한발씩 교대로 〈무릎굽혀들기〉 자세를 취하며 흥에 겨운 듯 제자리 뛰기를 한다. 머리 위를 향했던 한 팔의 편 부채가 교대하기 위해 내려가는 과정은 항상 몸체의 옆 방향에서 허리 아래까지 내려온 다음 몸체의 중앙으로 가져가도록 한다.

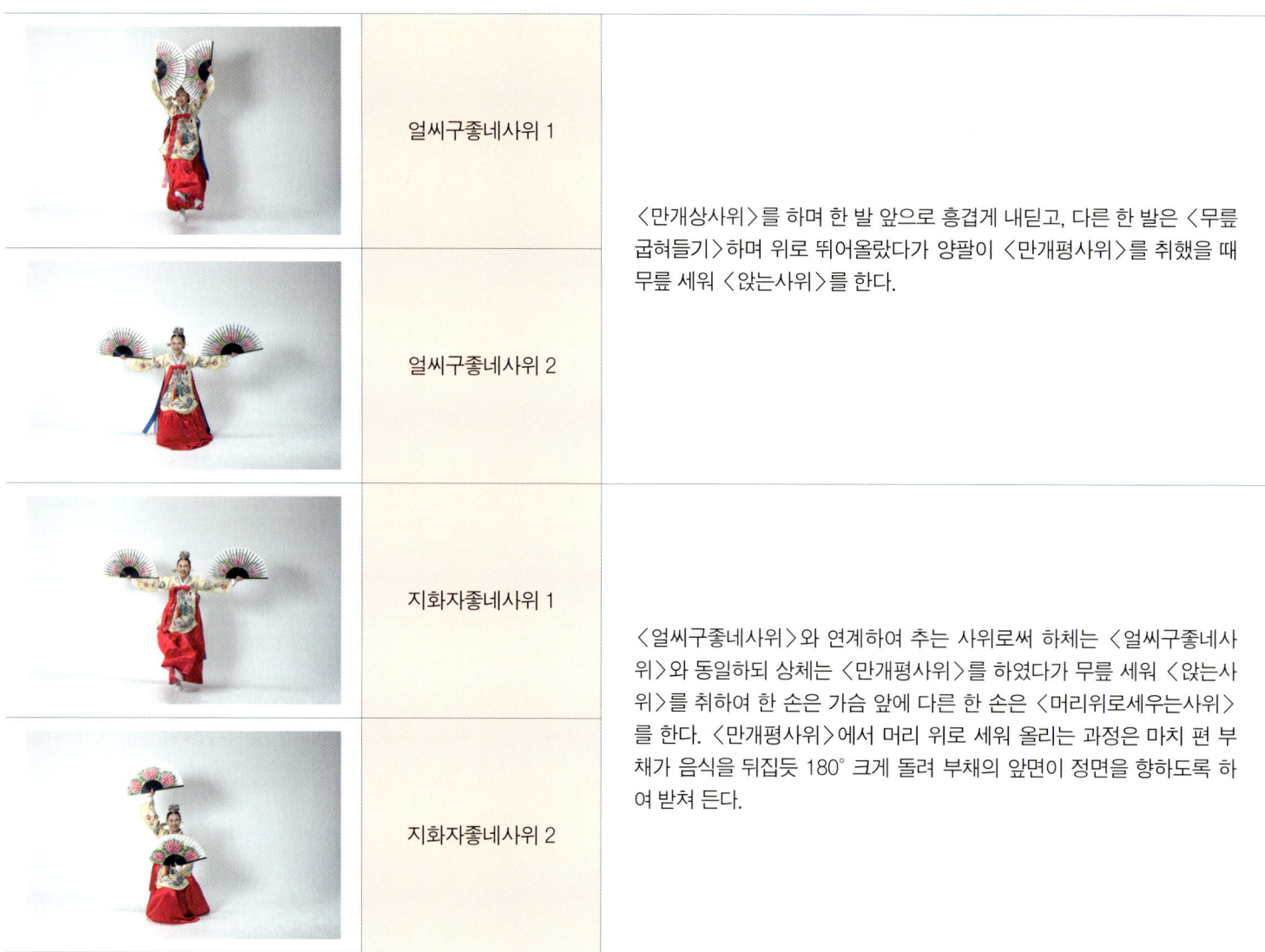

	얼씨구좋네사위 1	
	얼씨구좋네사위 2	〈만개상사위〉를 하며 한 발 앞으로 흥겹게 내딛고, 다른 한 발은 〈무릎굽혀들기〉하며 위로 뛰어올랐다가 양팔이 〈만개평사위〉를 취했을 때 무릎 세워 〈앉는사위〉를 한다.
	지화자좋네사위 1	〈얼씨구좋네사위〉와 연계하여 추는 사위로써 하체는 〈얼씨구좋네사위〉와 동일하되 상체는 〈만개평사위〉를 하였다가 무릎 세워 〈앉는사위〉를 취하여 한 손은 가슴 앞에 다른 한 손은 〈머리위로세우는사위〉를 한다. 〈만개평사위〉에서 머리 위로 세워 올리는 과정은 마치 편 부채가 음식을 뒤집듯 180° 크게 돌려 부채의 앞면이 정면을 향하도록 하여 받쳐 든다.
	지화자좋네사위 2	

돈돈사위 1	양팔을 〈앞으로병렬사위〉를 취한 다음, 부채의 선두를 가볍게 밀었다 당겼다 어르는 사위이다.
돈돈사위 2	
기지개사위 1	〈팔펴누르는사위〉 과정에서 양팔을 몸체의 뒤쪽으로 당겨 내려와 연속 동작으로써 다시 짊어지듯 양팔을 끌어올려 〈머리위병렬사위〉를 한다. 이때 상체는 긴장을 풀며 나른한 오후 기지개를 켜듯이 한다.
기지개사위 2	

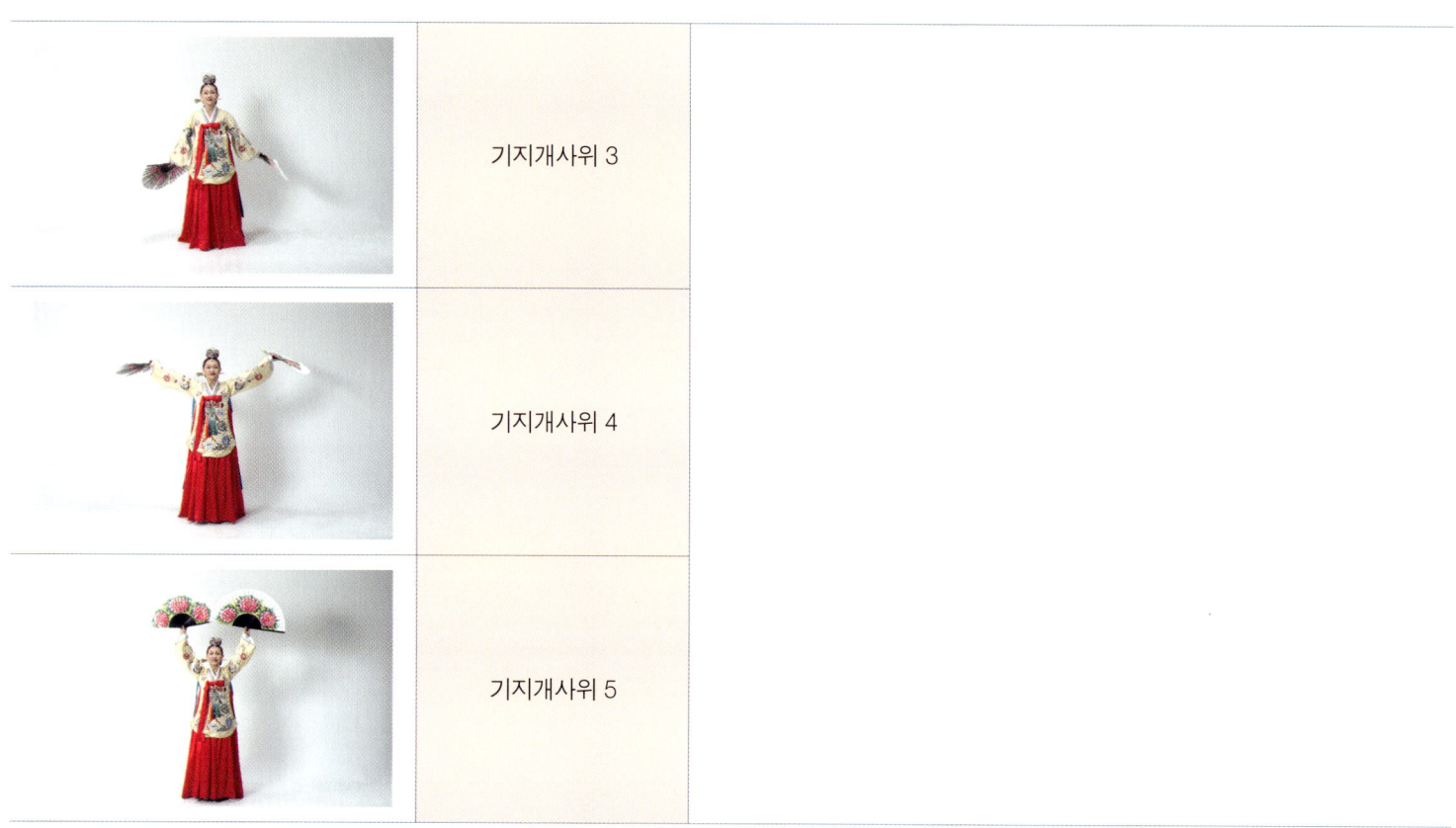

일출사위 : 단계-1

〈평사위〉를 시작으로 오른손 〈받쳐드는사위〉, 오른발 〈무릎굽혀들기〉를 한다. 무릎 굽혀 든 다리를 꼬아 내디디며 서서히 〈앉는사위〉를 거쳐 〈낮게 앉는사위〉하고, 앉는 속도에 맞추어 받쳐 든 오른손은 〈밀어내는사위〉 과정을 지나 〈왼손허리감기〉를 연결 동작으로 한다.

	일출사위 6
	일출사위 7
	일출사위 8
	일출사위 9
	일출사위 10

일출사위 : 단계-2

다시 수평선의 일출을 상징하듯 무게감 있게 양팔을 몸체의 양옆으로 빼내며 일어나 오른손 비껴 사선 위로 하고 왼손은 비켜 사선 아래로 향해 양팔이 사선이 되도록 한다. 이때 부채의 선두는 자연스럽게 아래를 향하게 된다.

일출사위 : 단계-3

단계-2의 자세에서 오른쪽 부채는 선두를 안쪽으로 한 바퀴 돌리며 꼬아 디딘 오른발에 중심을 두어 왼쪽으로 한 바퀴 돌아, 오른손은 부채를 밖으로 밀어내듯 내리고 왼손은 비껴 사선 아래로부터 당겨와 오른발에 중심을 두어 〈오른손허리감기〉를 한다. 이때 오른발과 왼발의 방향은 왼발이 앞쪽에 놓인 오른쪽 비껴 사선 방향으로 향하게 되며, 상체는 하체와 비례하여 왼쪽으로 허리 꼬아 세운 자세이다.

※ 〈일출사위〉는 3단계의 연결 동작으로 이루어진다.

하체 춤사위

사진	동작명	설명
	뒤꿈치딛기	
	앞꿈치딛기	발을 지면에 내려딛는 동작으로 발바닥 부위 중 어느 쪽을 먼저 내려 닿게 하는가에 따라 〈뒤꿈치딛기〉, 〈앞꿈치딛기〉, 〈발바닥딛기〉 등으로 구분된다.
	발바닥딛기	

	준비동작	한쪽 발을 중심 발(디딘 발)의 복사뼈에 뒤꿈치가 닿도록 하는 자세.
	무릎굽혀들기	한쪽 발을 앞으로 내밀어 무릎을 굽혀든 자세.
	무릎펴기	위로 솟아오르는 기분으로 굽힌 무릎을 펴는 동작이다.

	무릎구부리기	가라앉는 기분으로 무릎을 굽히는 동작을 말하며 필요에 따라 크게도 작게도 굽힐 수 있다.
	무릎굽혀앉기	한 발 앞으로 내디뎌 무릎 굽혀 앉고 다른 한 발은 무릎 굽혀 무릎이 땅에 닿도록 하는 사위이다. 이때 둔부가 무릎 아래로 내려가지 않도록 한다.
	꼬아앉기	한 발 꼬아 내디뎌 〈무릎굽혀앉기〉 자세를 한다.
	낮게앉기	한쪽 무릎만 땅에 닿도록 낮게 앉아 둔부를 무릎이 땅에 닿은 뒤꿈치에 닿도록 하는 자세를 말한다.

동작명	설명
걷기	딛기의 연속으로서 좌우의 발을 교대로 내디디며 걸어가는 동작. 방향에 따라 ①앞으로 걷기 ②뒤로 걷기 ③옆으로 걷기 등이 있다.
게걸음	몸체를 앞으로 향하게 한 채 오른쪽 또는 왼쪽으로 게처럼 옆으로 걷는 동작이다.
늦춘걸음	평걸음을 배 이상 늘여 잡아 걸어가는 동작을 말한다.
잔걸음	보폭을 평걸음의 절반 정도로 짧게 잡아 빠른 발걸음으로 걸어가는 무용 동작이다.
전주며걷기	한쪽 발을 크게 내딛고 반대쪽 다리를 살며시 앞꿈치로 당겨와 앞발 뒤꿈치에 살짝 딛고, 다시 앞발로 한번 제자리걸음을 한 다음 뒷다리가 먼저 나와 같은 요령의 움직임을 하면서 걸어가는 동작이다.
총총걸음	무용에서 잔걸음보다 갑절 빠른 속도로 걸어가는 동작이다.
평걸음	한 박자에 한 발 딛기로 걸어가는 동작이다.

꼬아딛기	'걷기'의 일종. 반대편 발 앞에 꼬아 내딛는 사위
무릎들어돌기	무릎을 들어 도듬새를 하면서 걸어 돌거나 빙글 도는 사위
발옮겨딛기	한 발을 크게 앞 또는 뒤로 옮겨 딛고 다른 발로 붙여 중심을 이동하는 사위
깨끼발뛰기	한쪽 발을 굽혀들고 디딘 다리로「목차치기」의 놀이 돌을 차듯 땅을 쓰며 살짝 뛰는 동작으로 뛰는 방향에 따라〈앞으로깨끼발뛰기〉,〈뒤로깨끼발뛰기〉,〈옆으로깨끼발뛰기〉,〈비껴깨끼발뛰기〉등이 있다.
연풍대	한쪽 발에 중심을 두고, 어깨 부위로부터 먼저 상체를 비스듬히 기울게 하면서 반대쪽 발을 추진력으로 삼아 원심 안·밖을 향해 180°씩 반 바퀴 돌기를 하면서 앉았다 일어나며 원을 그리듯 계속 돌아가는 동작을 말한다.
맴돌이	제자리에서 도는 동작　　(●)
구슬돌이	가고 돌고, 가고 돌고를 반복하면서 이동하는 동작　(- ● - ● - ●)
팽이돌이	도는 동작만 연속하여 각 방향으로 이동하는 동작　(● ● ● ●)

무보 표기법

본 연구의 무보는 다음에 제시되는 반주 음악 악보 중 서양식 기보는 제외하고 한국 전승 무용 무보에 표기되는 장단 부분만을 분류표에 기록하였다. 이는 〈김백봉부채춤〉에서는 필요에 따라 「굿거리」와 「자진모리」를 빠르고 느리게 변박하여 복합적으로 연구하고 있어 춤사위의 시작과 매듭은 장단에 준하여 기록하는 것이 보다 명확하게 제시할 수 있기 때문이다.

1) 악보 표기법

부호(기호)	음	내용	기타
ⓘ	덩	열채로 채편에 「따」, 손바닥으로 궁편에 「궁」을 동시에 친다 (합장단).	외가락
ⓘ	기덩	열채 끝으로 채편에 「기」 치고 이어 양손을 동시에 「덩」 친다.	겹가락
○	궁	손바닥으로 궁편을 「궁」 친다.	외가락
	따	열채로 채편을 「따」 친다.	외가락
■	다	열채 끝으로 채편에 「다」 친다.	
■ ■ ■ ■	다르…	열채 끝으로 채편에 「다」를 여러 번 빠르게 겹쳐 「다르…」 친다.	흘려(굴려)치기
	기따	열채 끝으로 채편에 「기」를 치고 빠르게 겹쳐 「따」를 친다.	겹가락
	다르따	열채 끝으로 채편에 「다르」를 치고 빠르게 겹쳐 「따」를 친다.	겹겹가락

2) 얼굴 방향 표기법

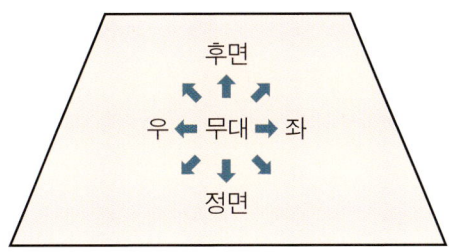

얼굴 방향 표기법은 무대와 객석 개념을 전제로 하여, 객석을 전면으로 한정하고, 무용수를 중심으로 좌우를 구분 짓는다.

※ 동일하게 연속되는 얼굴 방향의 경우는 최초 한 번만 표기한다.

○	앞(정면)을 바라봄
●	뒤(후면)를 바라봄
◐	정면 오른쪽 비껴 사선 바라봄
◑	정면 왼쪽 비껴 사선 바라봄
◐	왼쪽을 바라봄
◑	오른쪽을 바라봄
⊖	몸통에 가깝도록 정면 아래를 바라봄
⊖	엎드려 바닥을 바라봄
◐	몸통을 정(正)·옆 뒤로 한 상태에서 얼굴 방향만 오른쪽 앞 비껴 사선 방향으로 바라봄
◑	몸통을 정(正)·옆 뒤로 한 상태에서 얼굴 방향만 왼쪽 앞 비껴 사선 방향으로 바라봄
◗	정면 멀리 아래를 바라봄
◎	회전 상태를 나타냄

3) 동선 방향 표기법

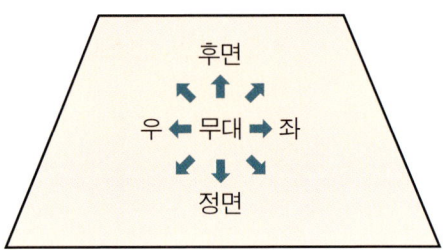

무용수가 객석을 바라본 상태를 중심으로 하여 좌우 방향을 구분 짓는다.

※ 출발 지점과 도착 지점까지의 이동경로는 그 동선상의 시작과 끝에 한 번만 표기한다.

◉	화살표 방향(좌)로 반 바퀴 회전
◉	화살표 방향(우)로 반 바퀴 회전
◉	화살표 방향(좌)로 한 바퀴 회전
◉	화살표 방향(우)로 한 바퀴 회전
●→	● 표시 부분에서 → 표 방향으로 이동
→●	→ 표 방향으로 이동해 와서 ● 표시 부분에 도착
◉	화살표 방향으로 한 바퀴 이상 회전함 (※ 이때 화살표는 진행경로에 따라 직선 또는 곡선으로 표시한다)
⌒	화살표 방향으로 완곡선을 그리며 이동
◉	화살표 방향으로 제자리에서 한 바퀴 이상 회전

4) 시선 방향 표기법

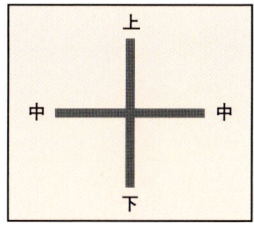

무용수 신체를 기준으로 전면을 향하고 있는 무용수 눈높이를 중앙(中)으로 전제하고 시선의 상(上)·하(下)를 구분 짓는다. 따라서 무용수가 뒷면을 향했을 경우 시선의 방향은 전면을 향했을 때와 좌우 개념이 반대가 된다.

※동일하게 연속되는 시선 방향의 경우는 최초 한 번만 표기한다.

	앞면 또는 후면을 정면으로 할 때 눈높이 방향
	오른쪽 비껴 사선 아래(中~下) 방향
	왼쪽 비껴 사선 위(中~上) 방향
	오른쪽 비껴 사선 위(中~上) 방향
	정면 위(中~上) 방향
	정면 아래(中~下) 방향
	왼쪽 비껴 사선 아래(中~下) 방향

5) 몸통 방향 표기법

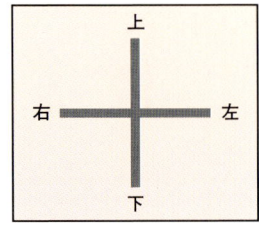
무용수가 전면을 바라보고 있는 상태에서 몸통의 좌우 방향은 무용수의 신체를 기준으로 구분 짓는다. 따라서 무용수가 뒤를 향하고 있을 경우 신체의 좌우 방향은 전면과 반대가 된다.

※ 회전 동작은 몸통 방향을 제시하지 않는다.

	몸통이 앞을 향함
	몸통이 뒤를 향함
	몸통이 왼쪽 방향으로 향함
	몸통이 오른쪽 방향으로 향함
	몸통이 왼쪽 비껴 사선을 향함

(symbol)	몸통이 오른쪽 비껴 사선을 향함
(symbol)	몸통이 오른쪽 뒤 비껴 사선을 향함
(symbol)	몸통이 왼쪽 뒤 비껴 사선을 향함
(symbol)	연속 동작으로 몸 방향이 이동하는 경우 그림에 화살표로 표시함

무보

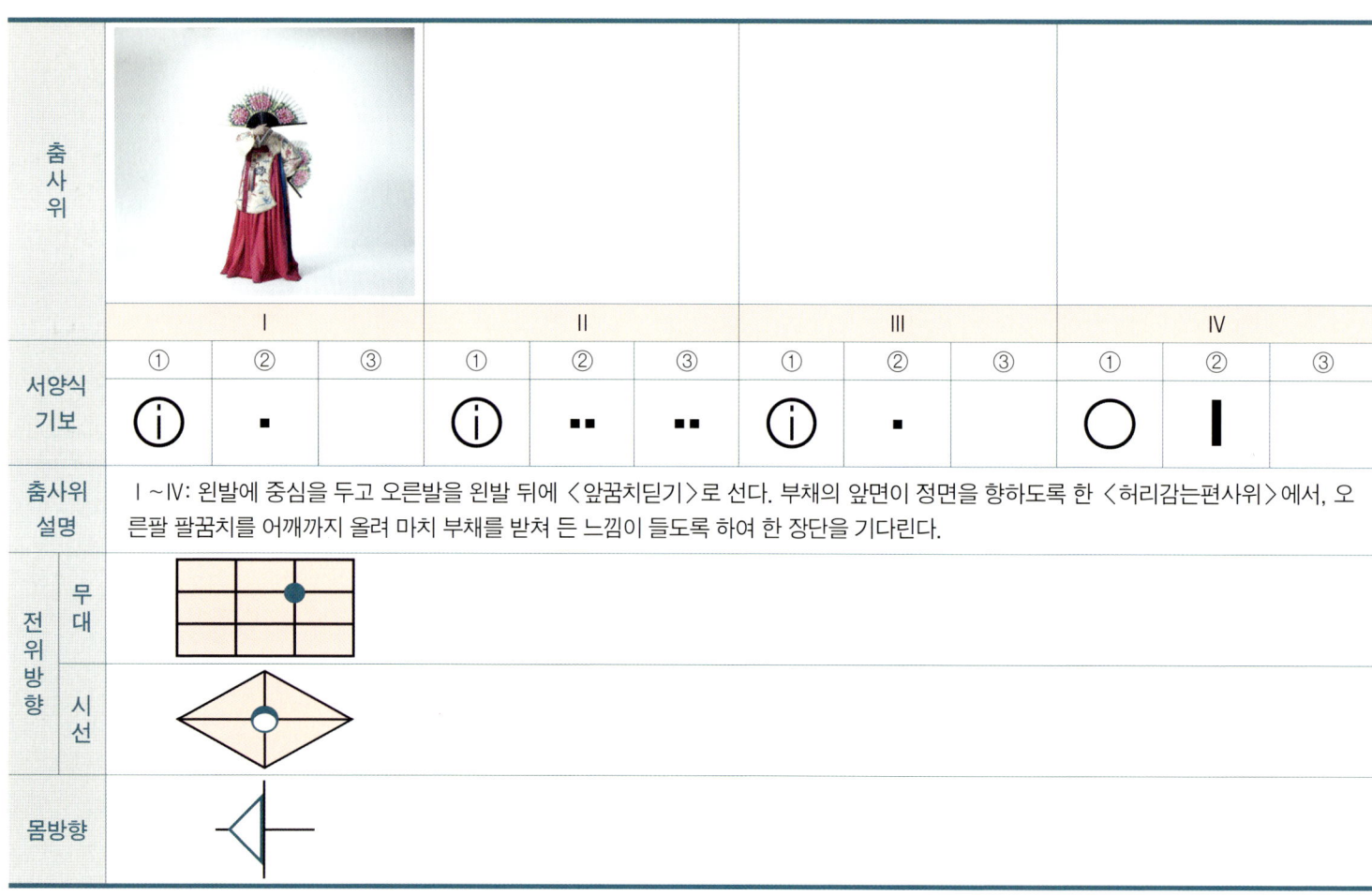

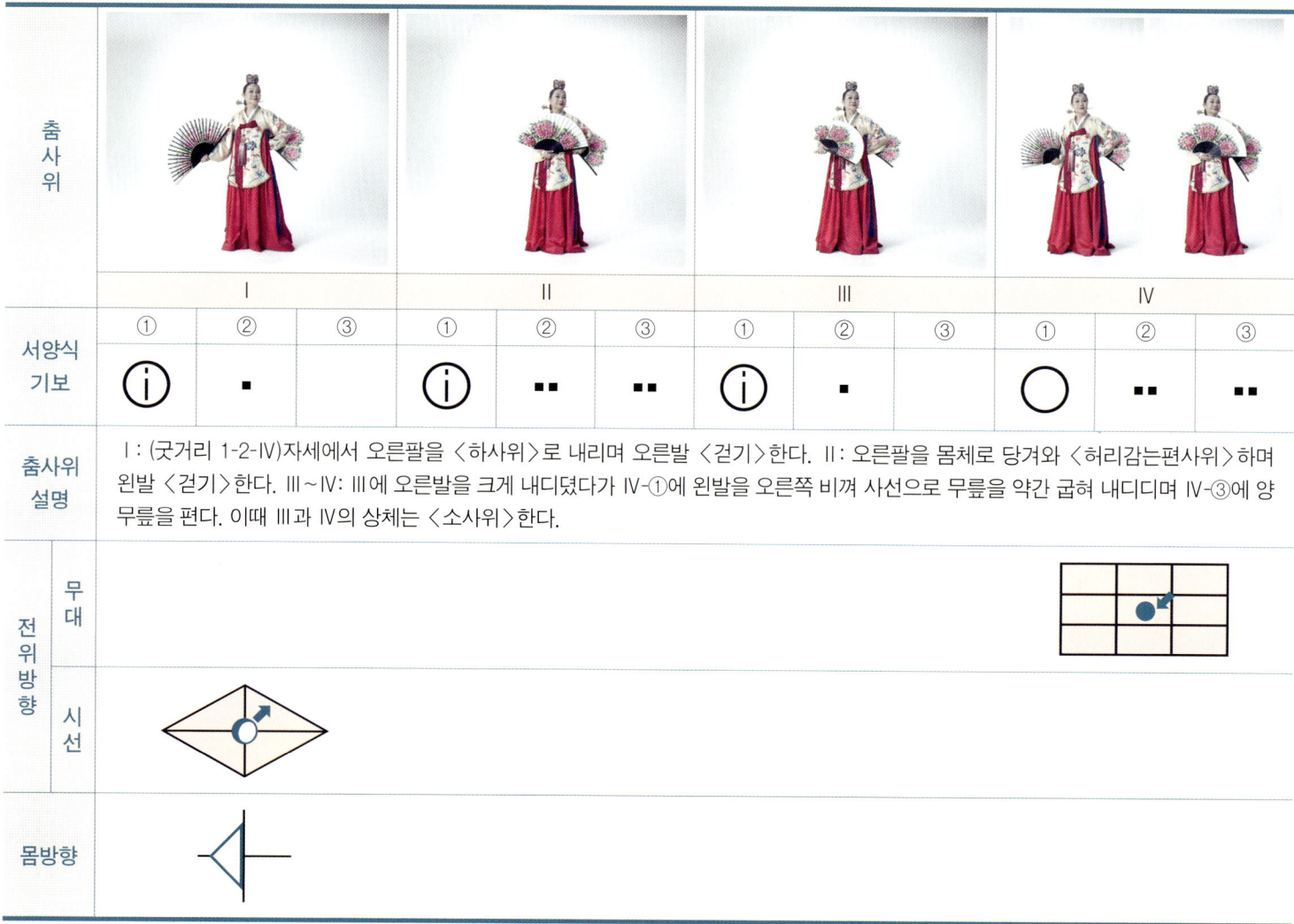

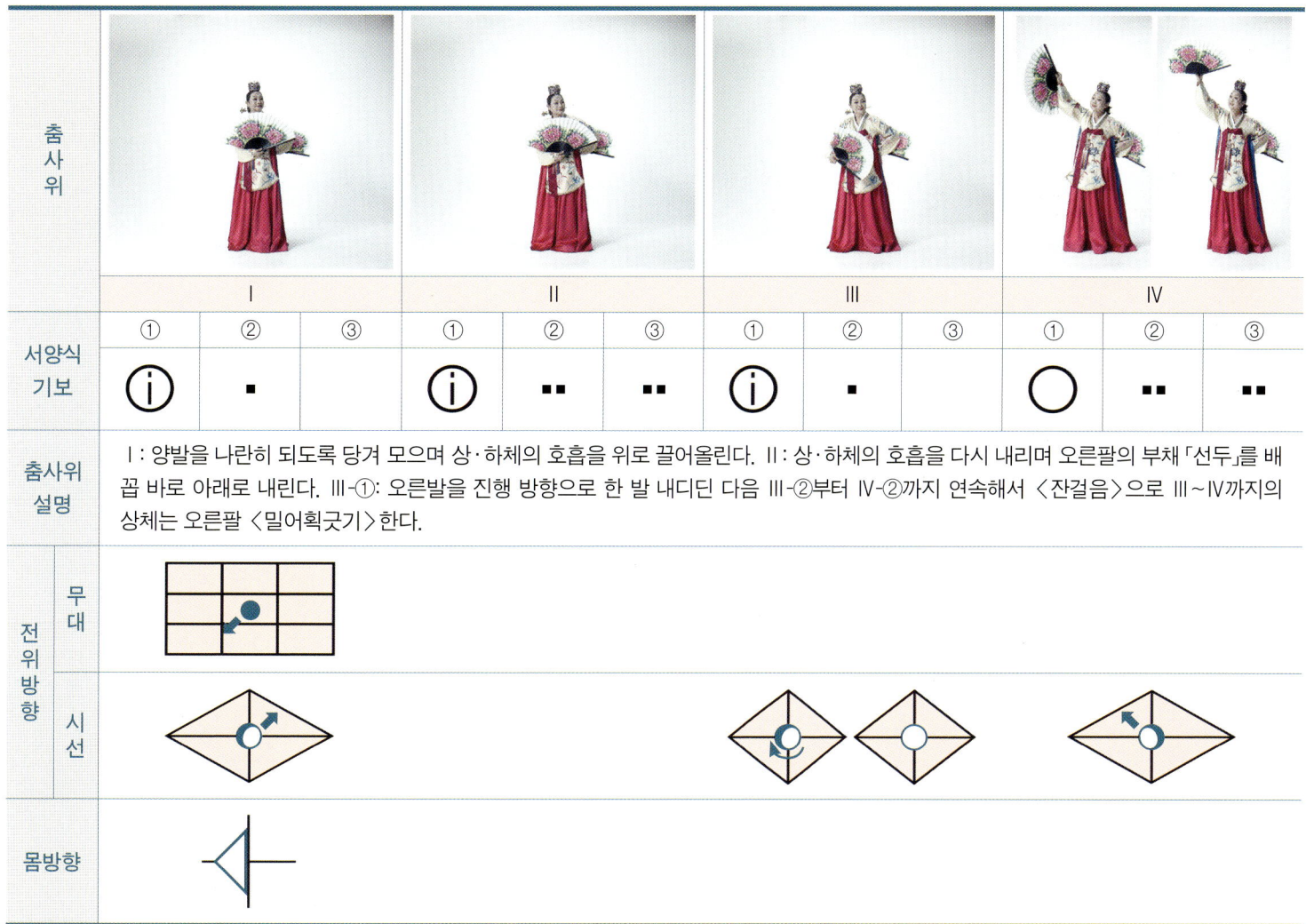

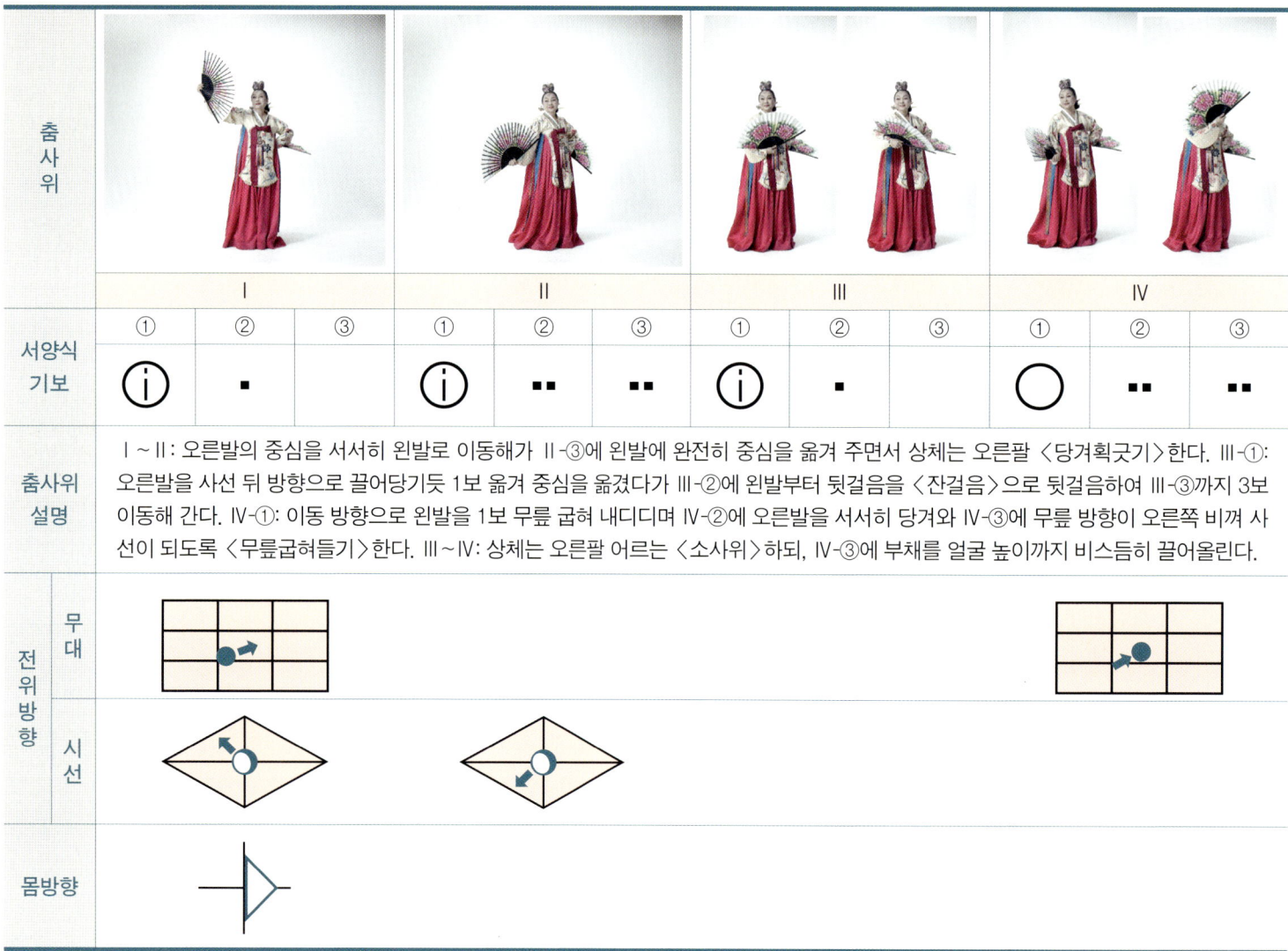

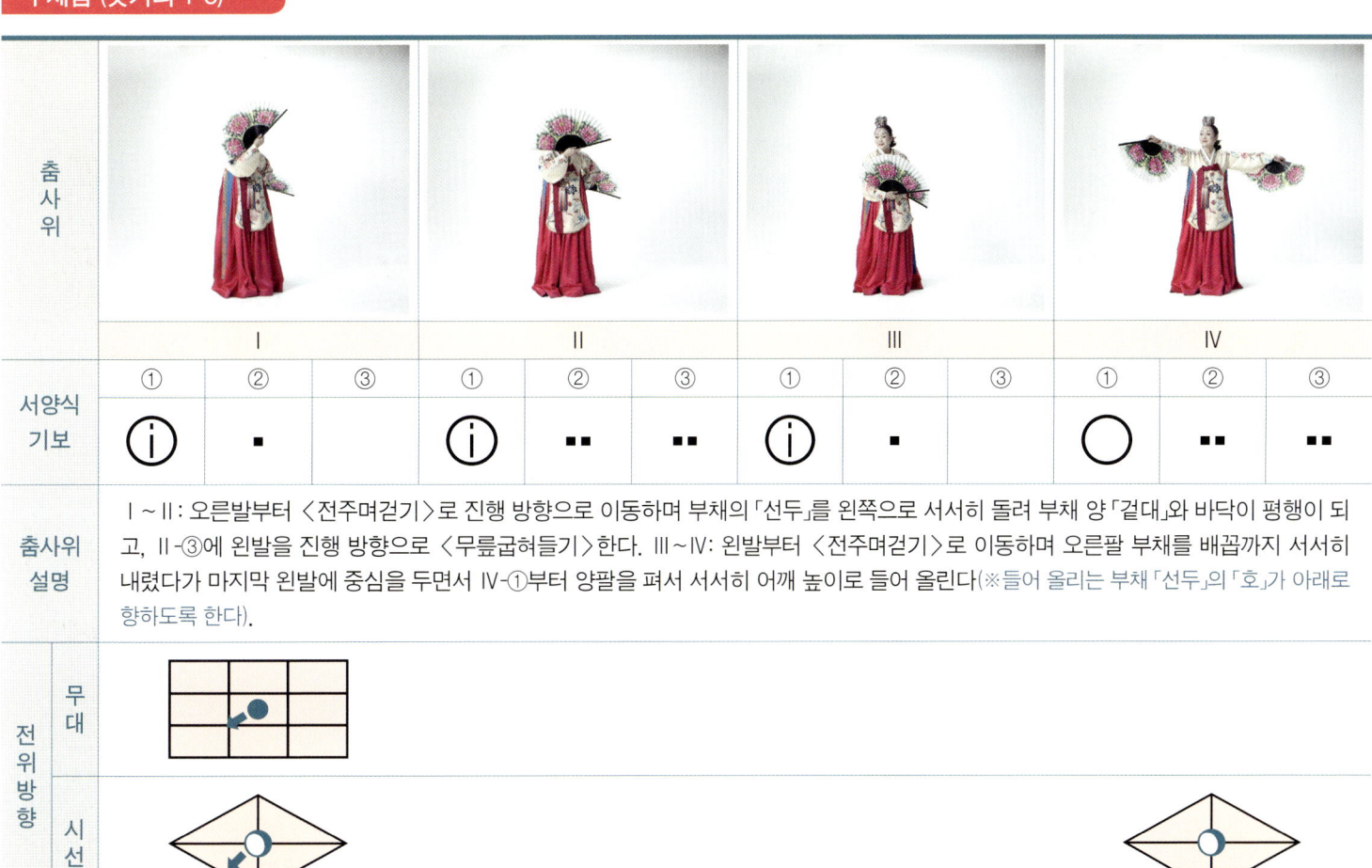

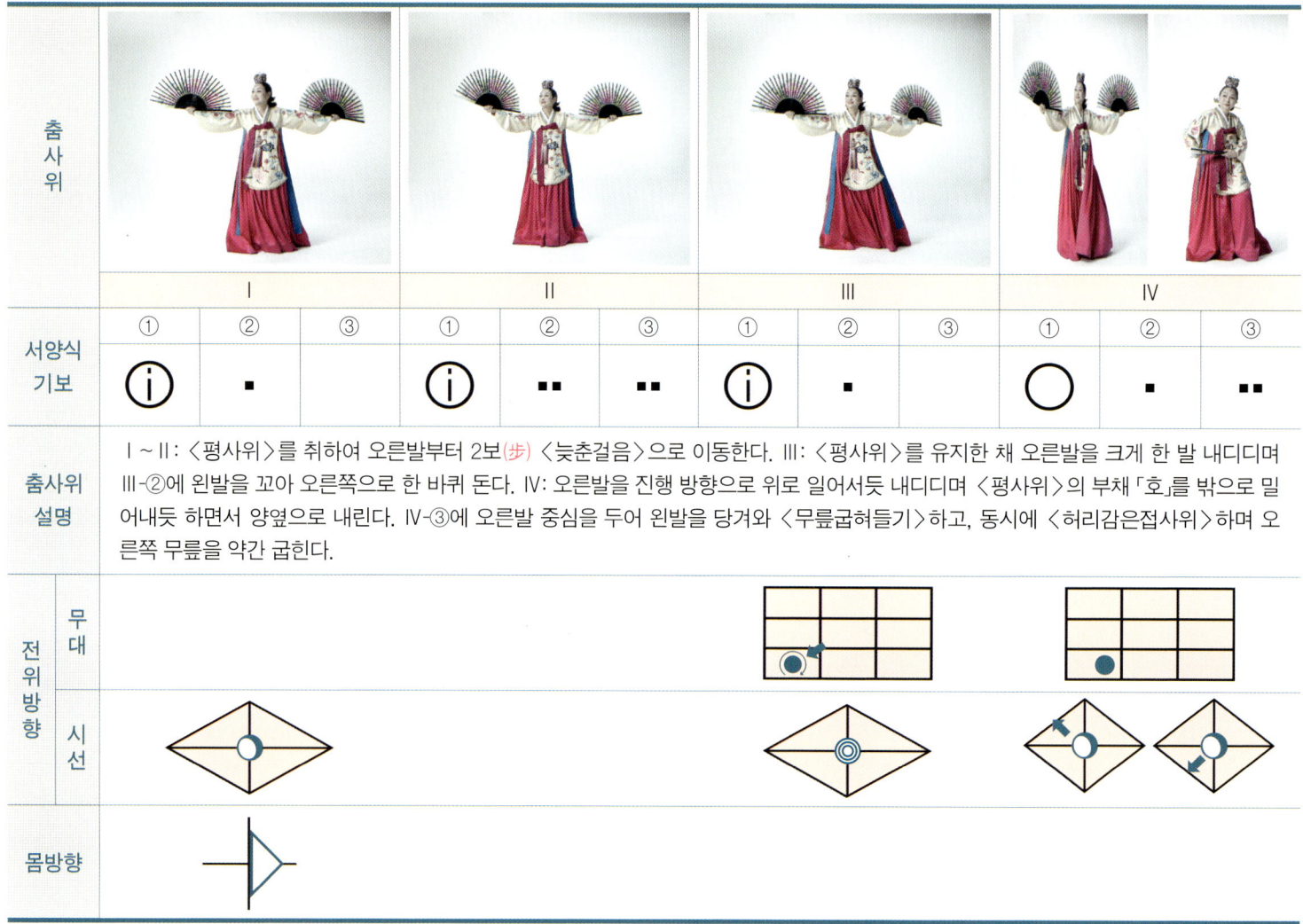

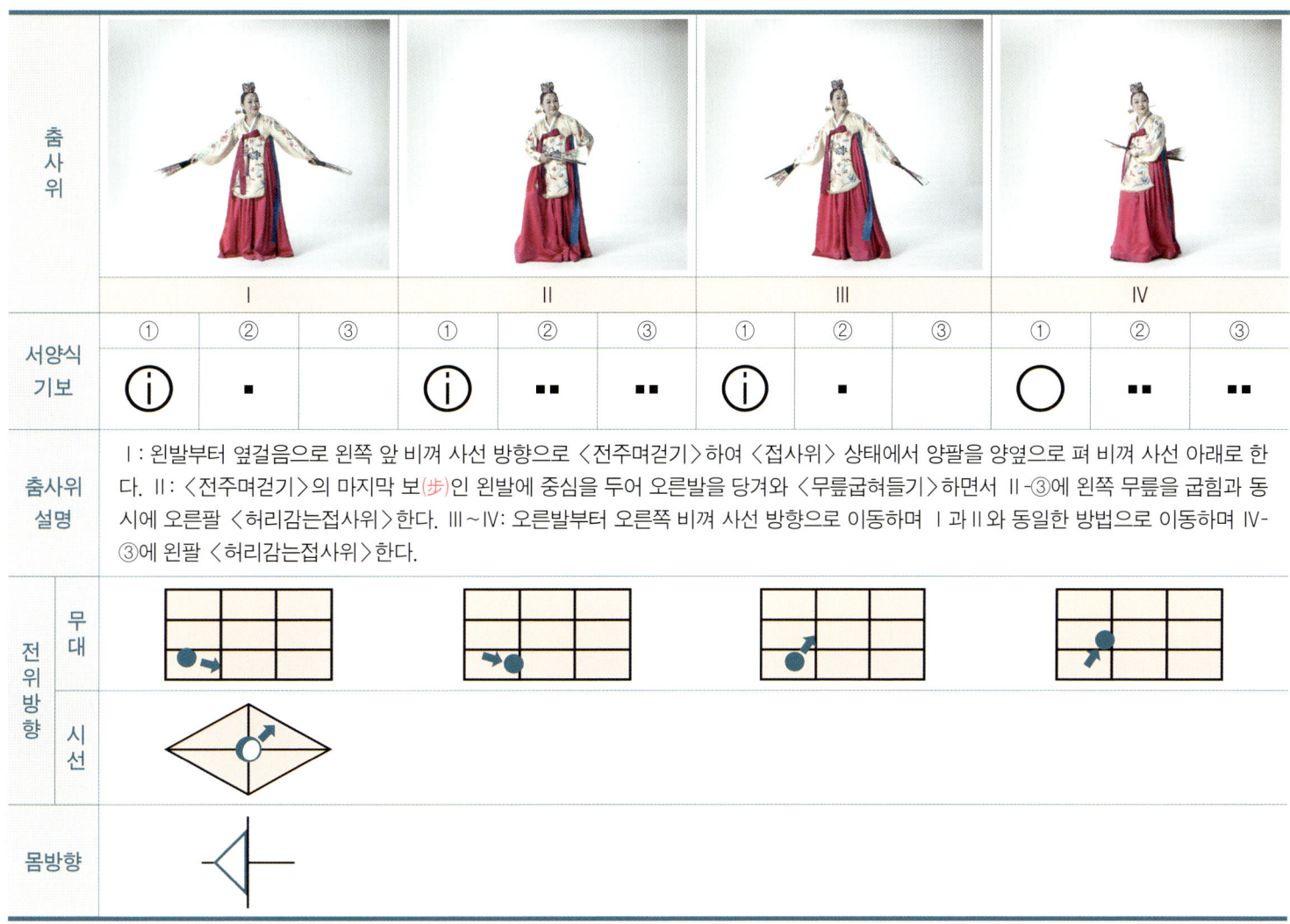

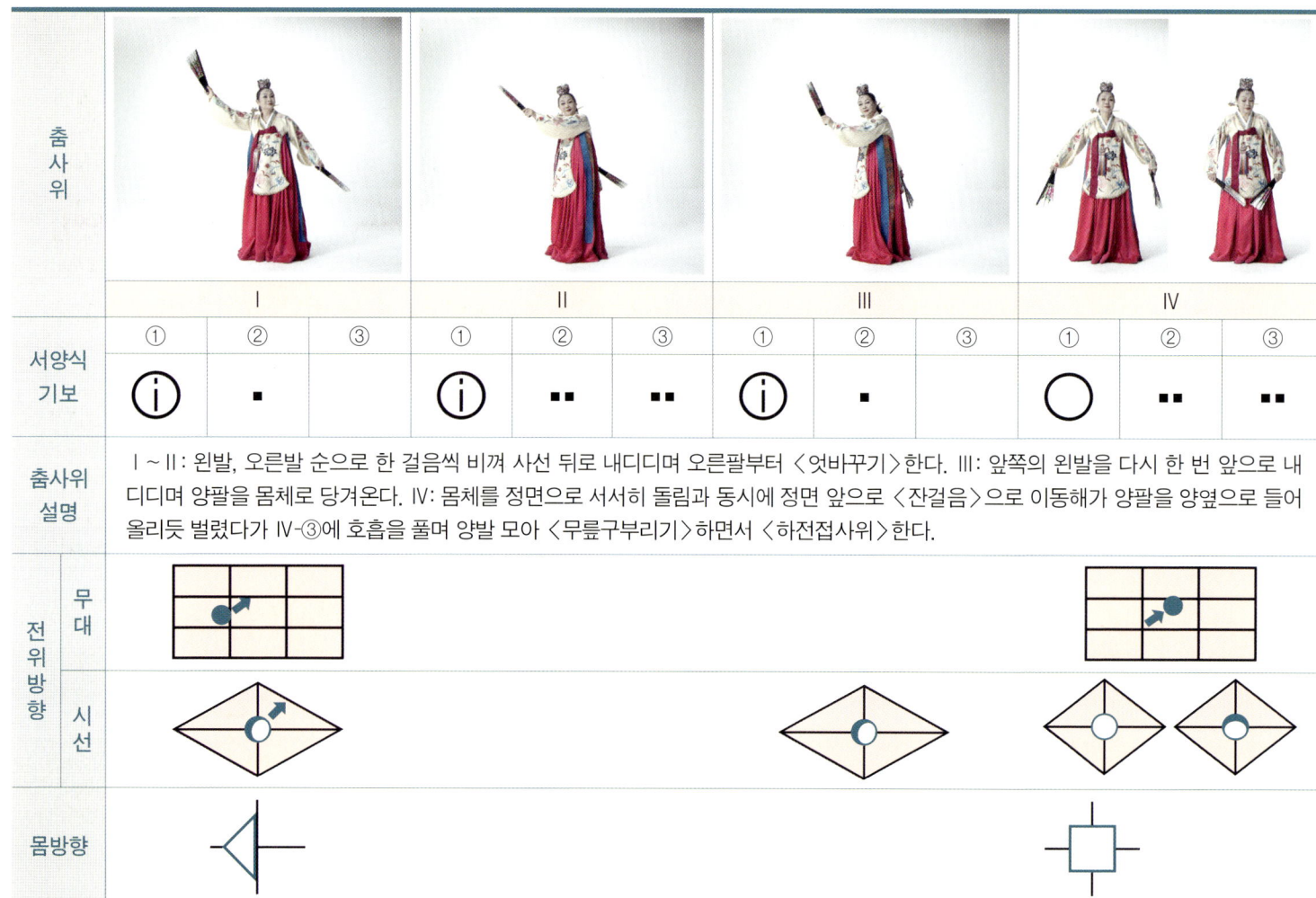

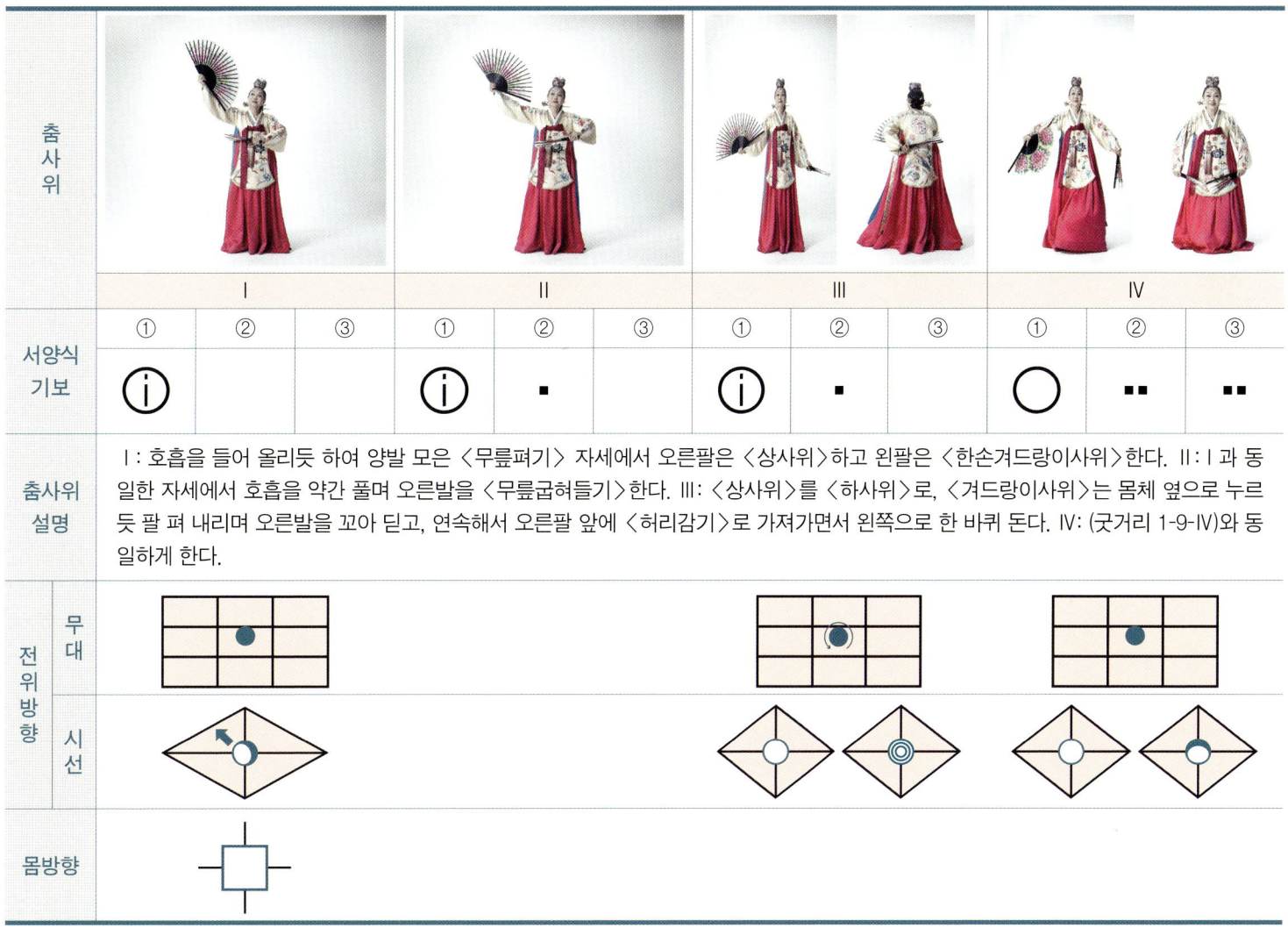

부채춤 (굿거리 1-11)

춤사위	I			II			III			IV		
서양식 기보	①	②	③	①	②	③	①	②	③	①	②	③
	ⓘ	▪	▪	ⓘ	▪	▪	ⓘ	▪	▪	○	▪	▪

춤사위 설명

Ⅰ~Ⅳ: (굿거리 1-10)을 반대 방향으로 동일하게 반복한다.

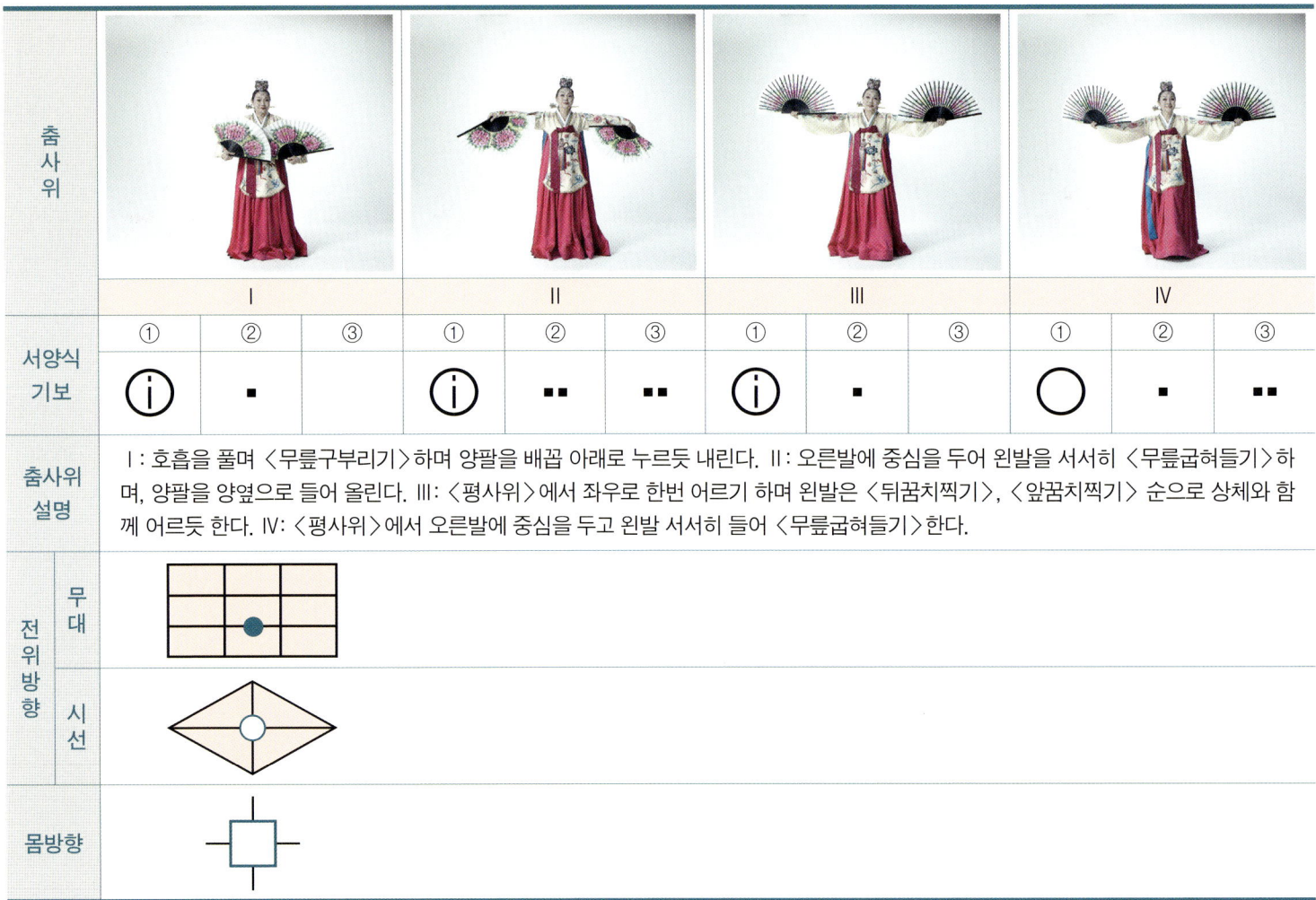

부채춤 (굿거리 1-14)

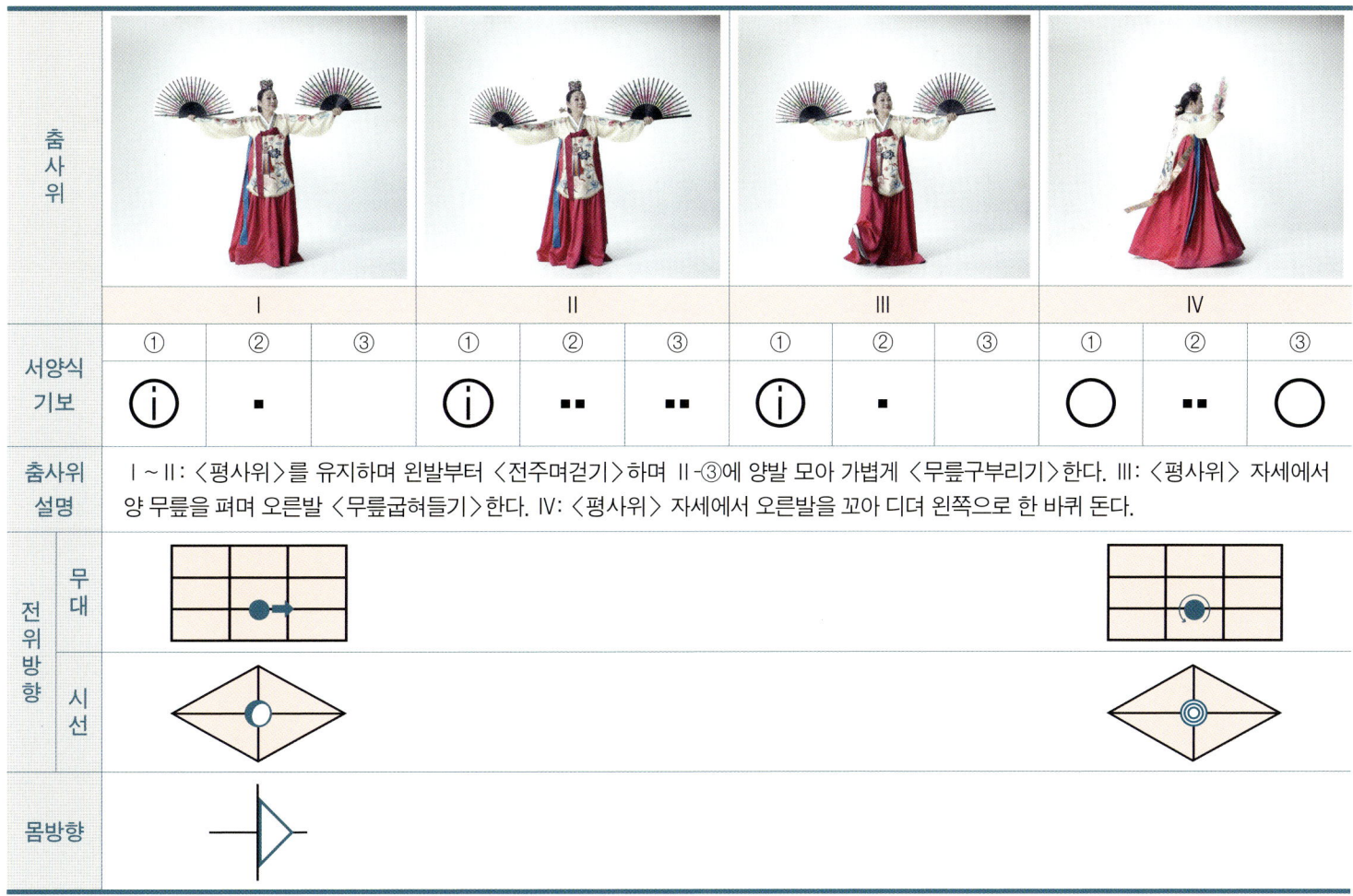

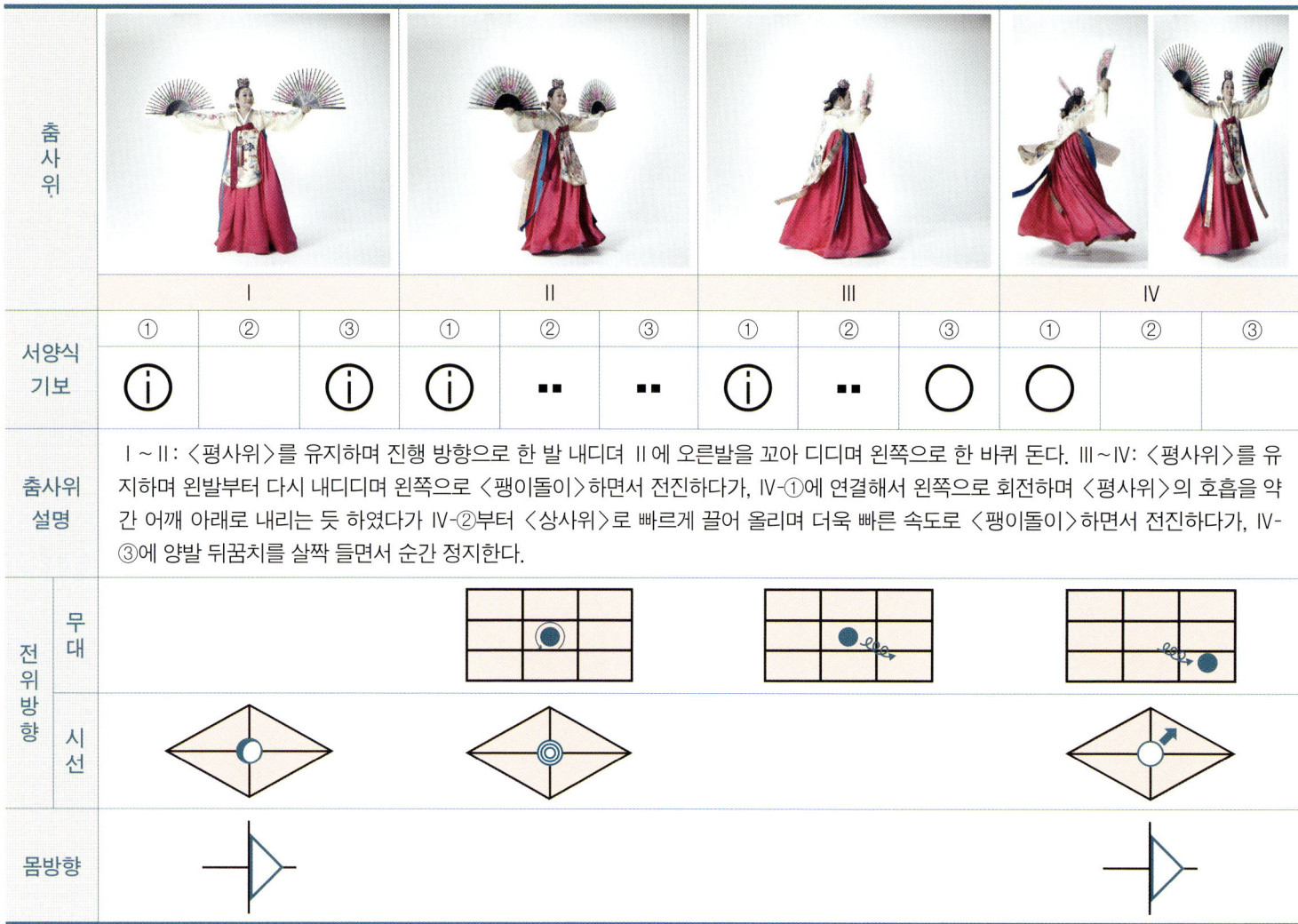

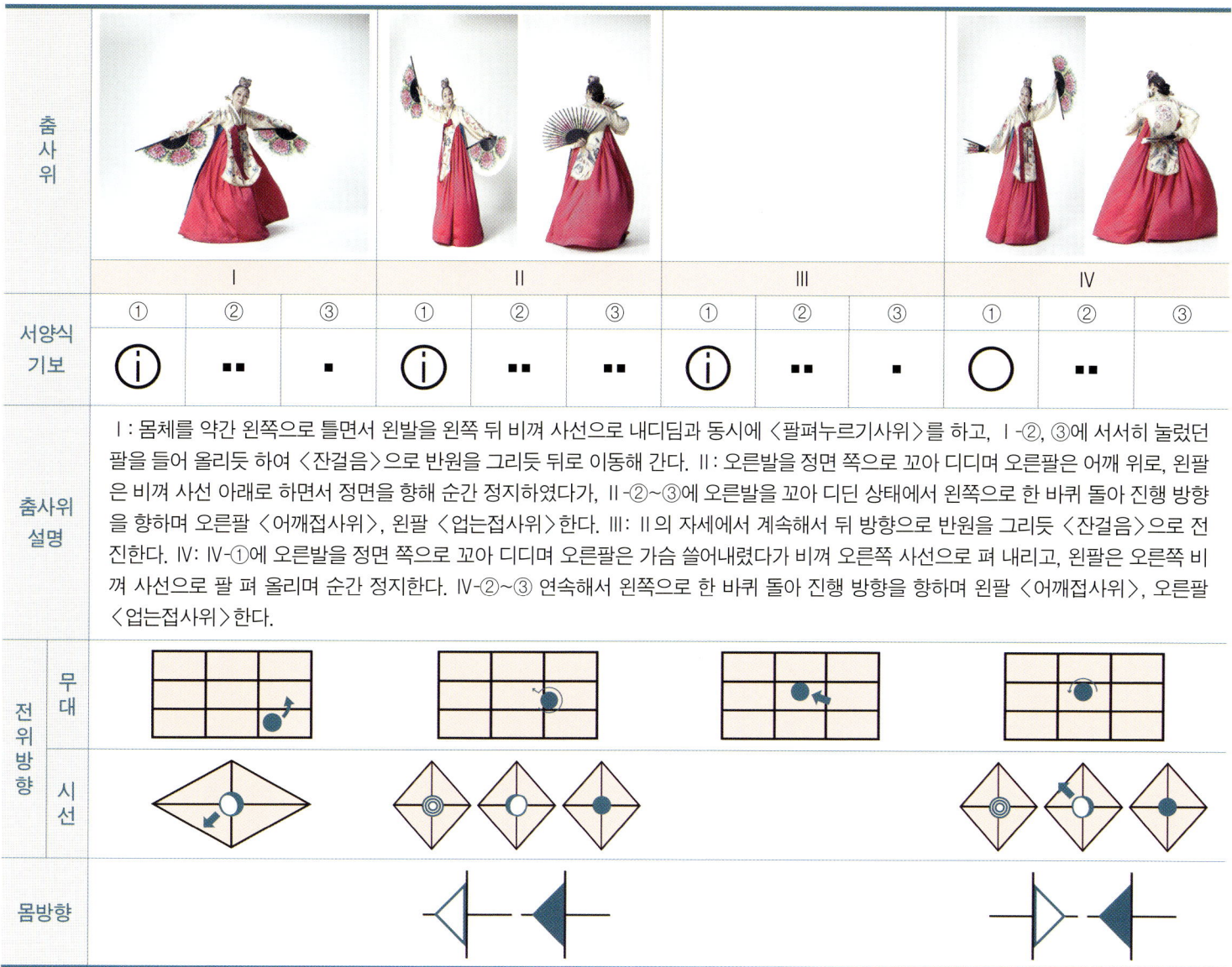

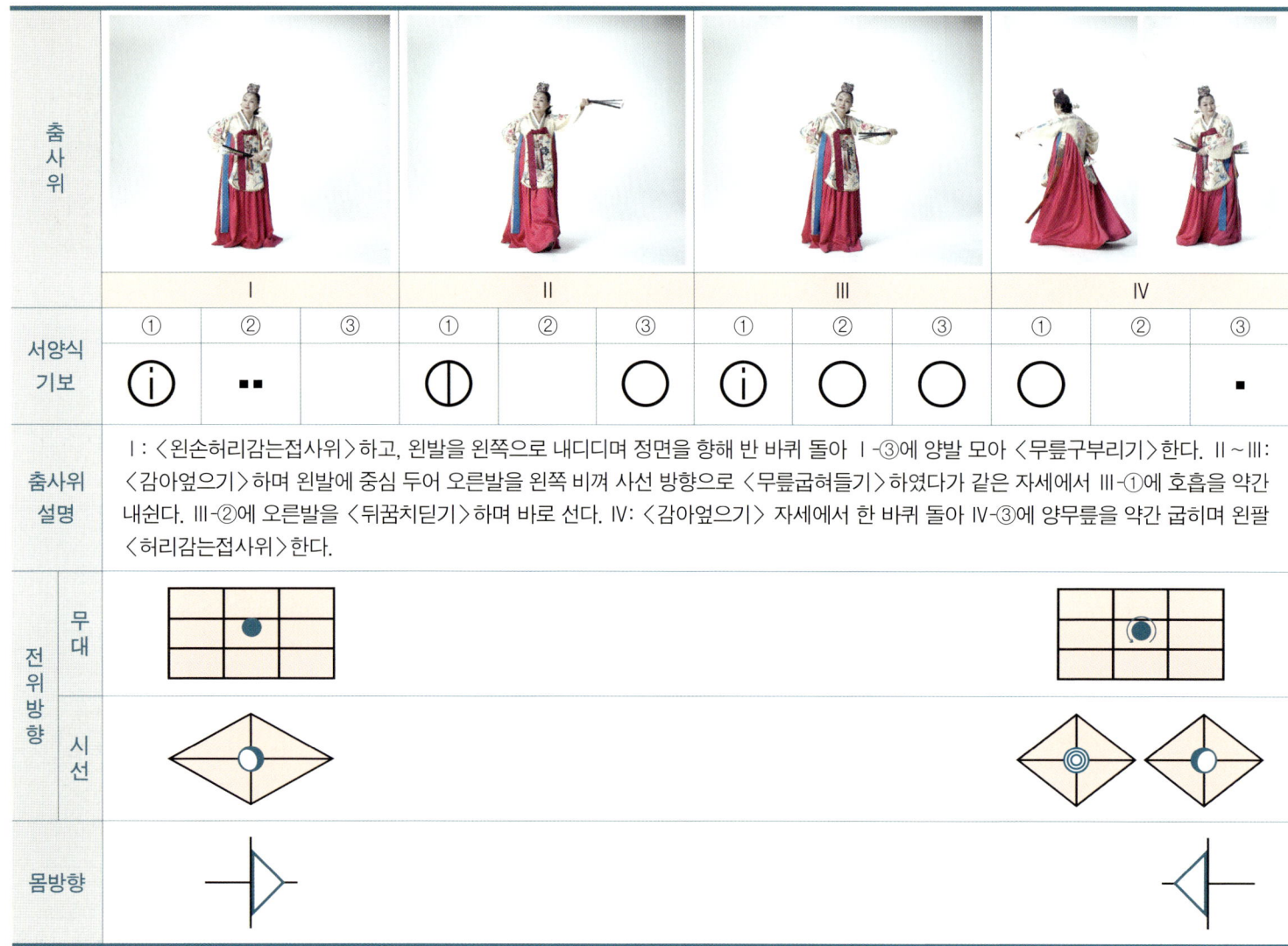

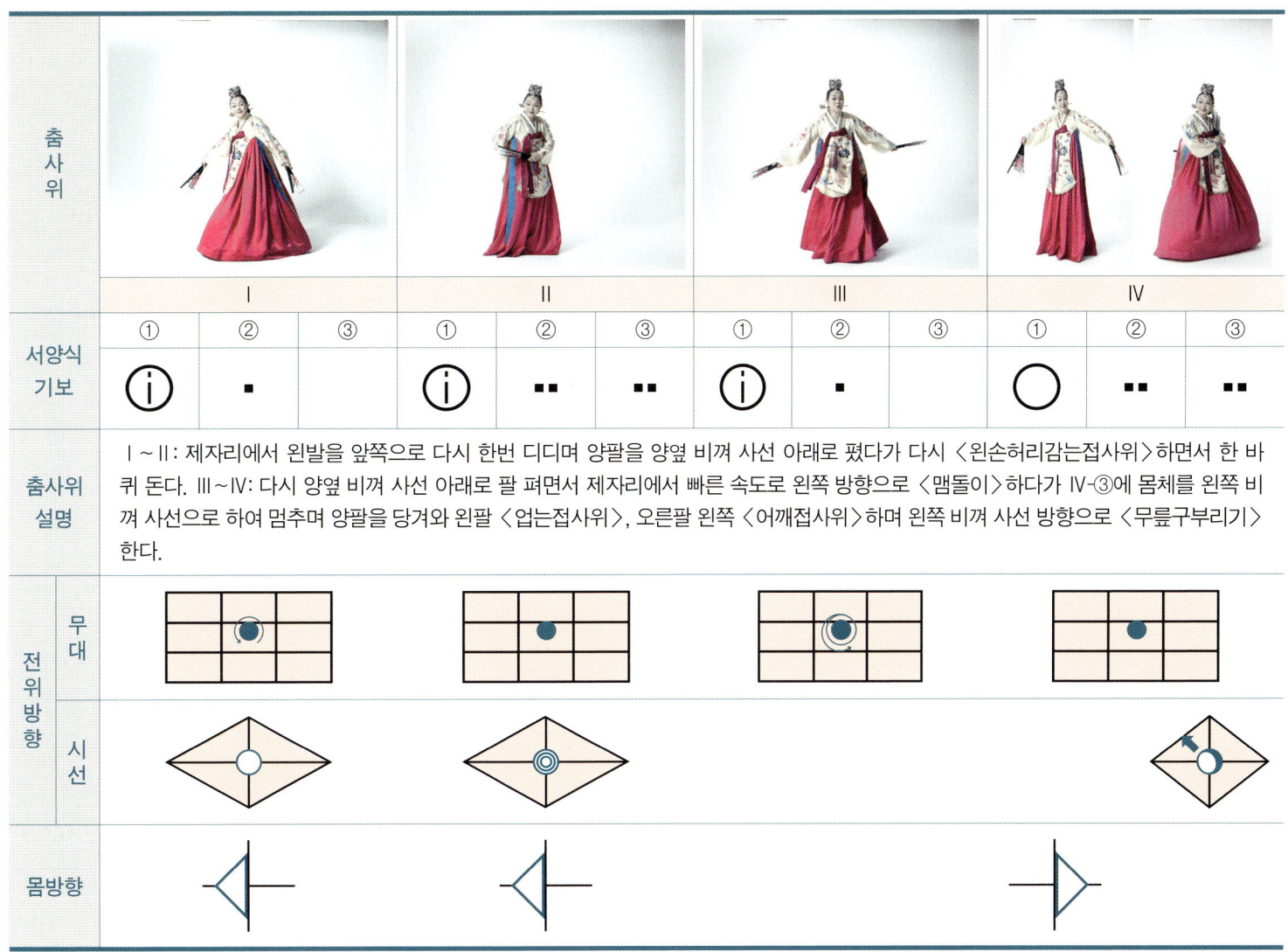

부채춤 (굿거리 1-19)

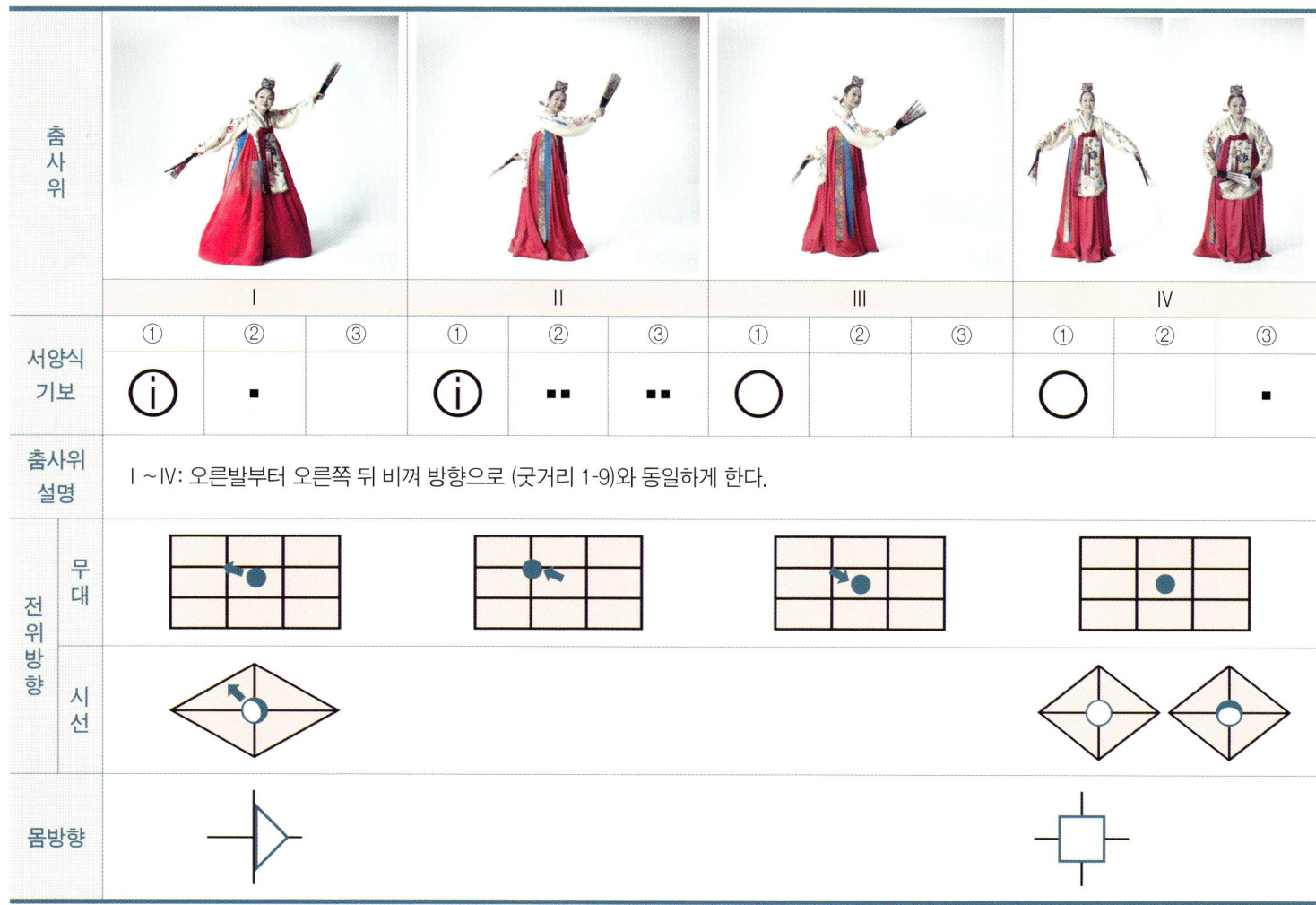

춤사위 설명: I~IV: 오른발부터 오른쪽 뒤 비껴 방향으로 (굿거리 1-9)와 동일하게 한다.

부채춤 (굿거리 1-20)

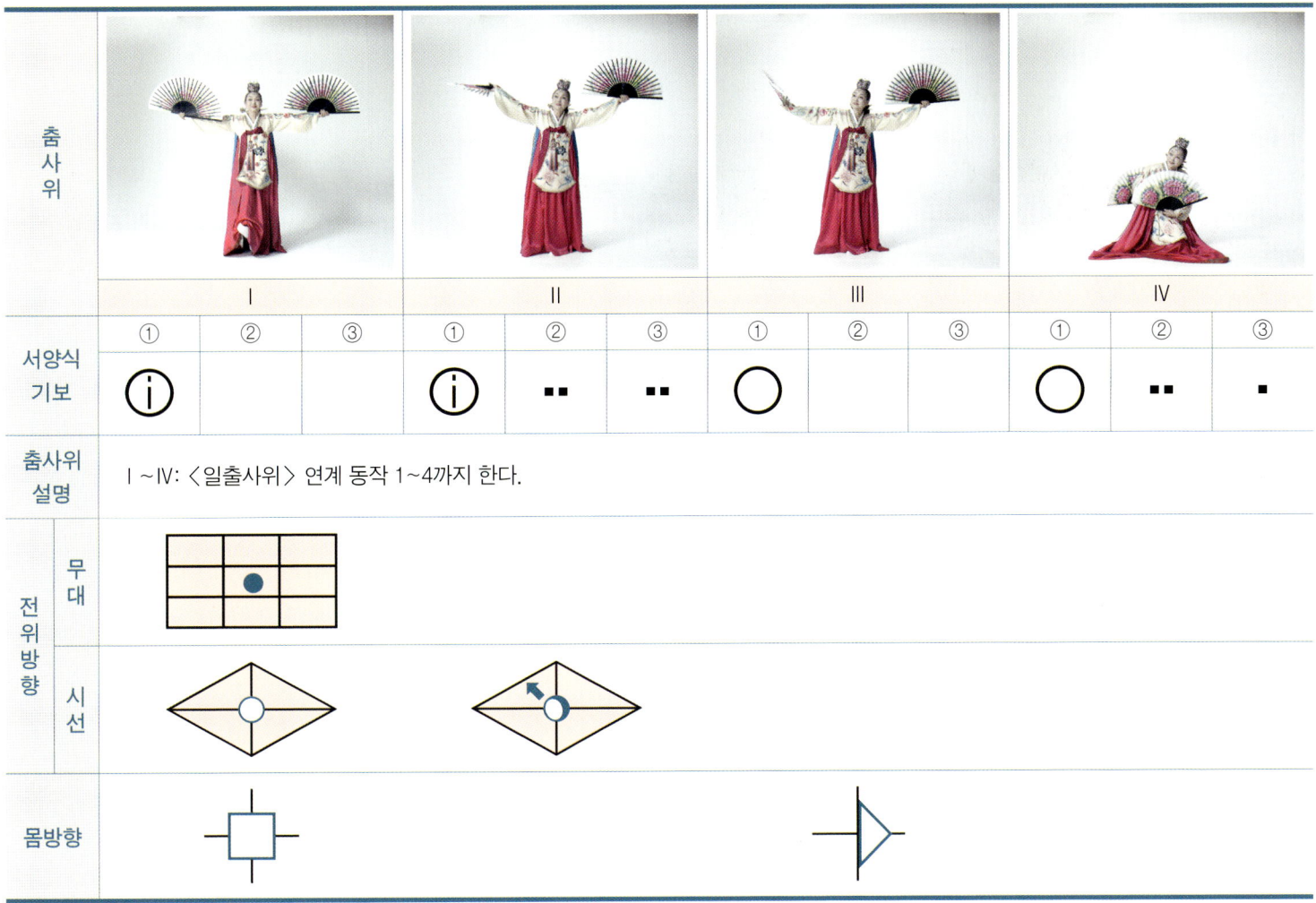

부채춤 (굿거리 1-21)

춤사위	I			II			III			IV		
서양식 기보	① ⓘ	② ·	③	① ○	② ··	③ ··	① ○	②	③	① ○	② ··	③ ·
춤사위 설명	I~IV: 〈일출사위〉 연계 동작 5~10까지 한다.											

전위방향 - 무대 / 시선 / 몸방향

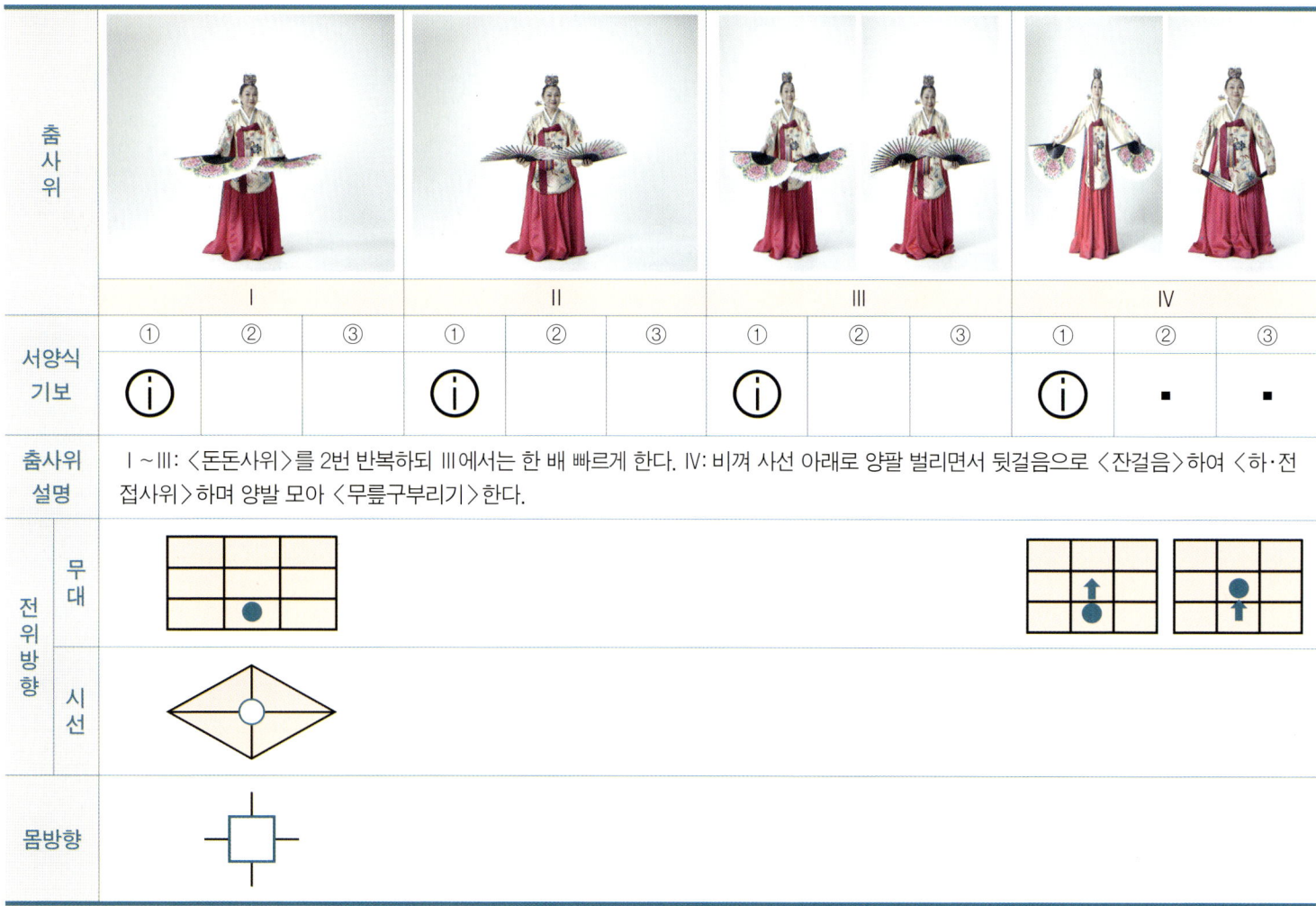

부채춤 (굿거리 1-24)

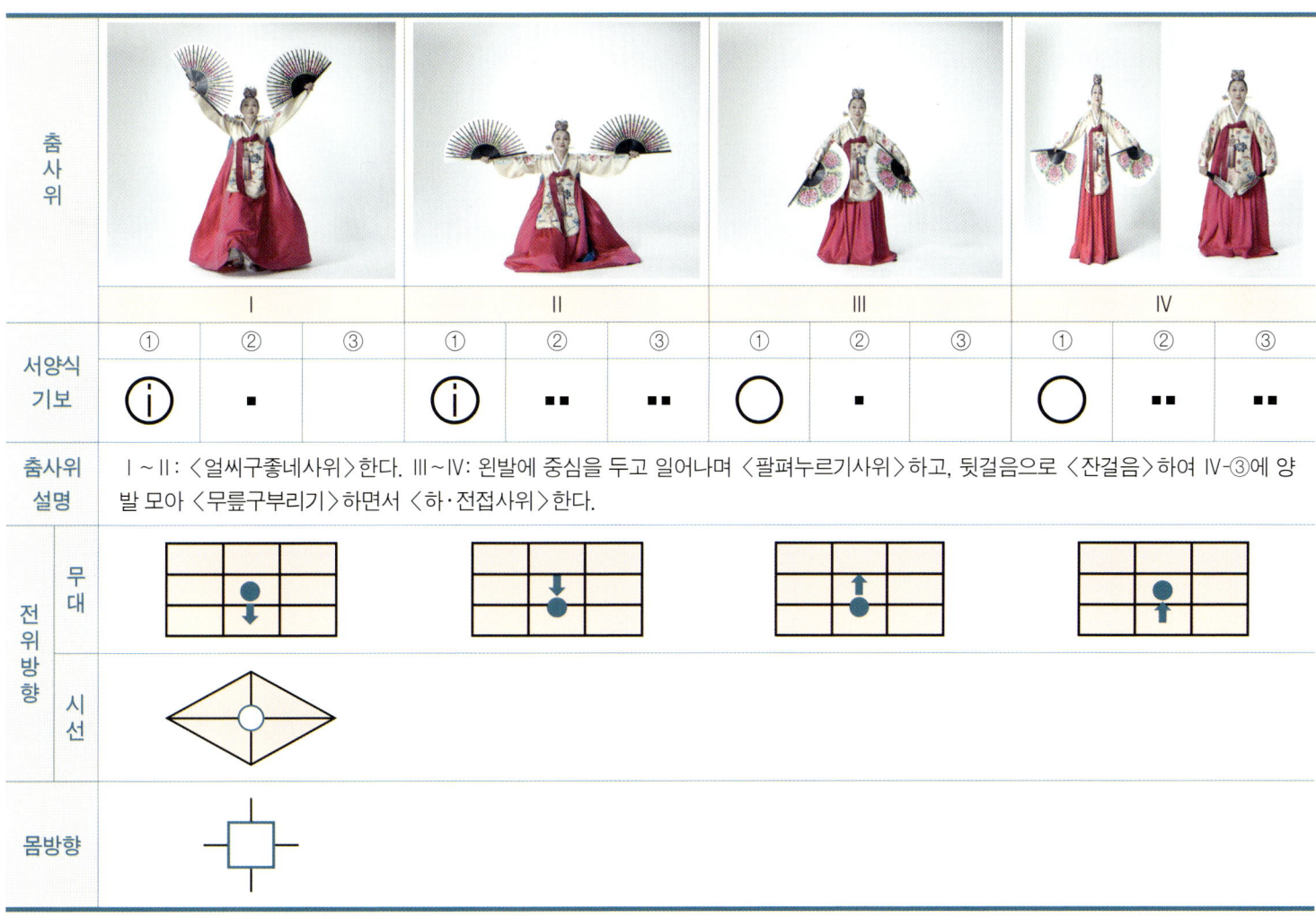

부채춤 (굿거리 1-25)

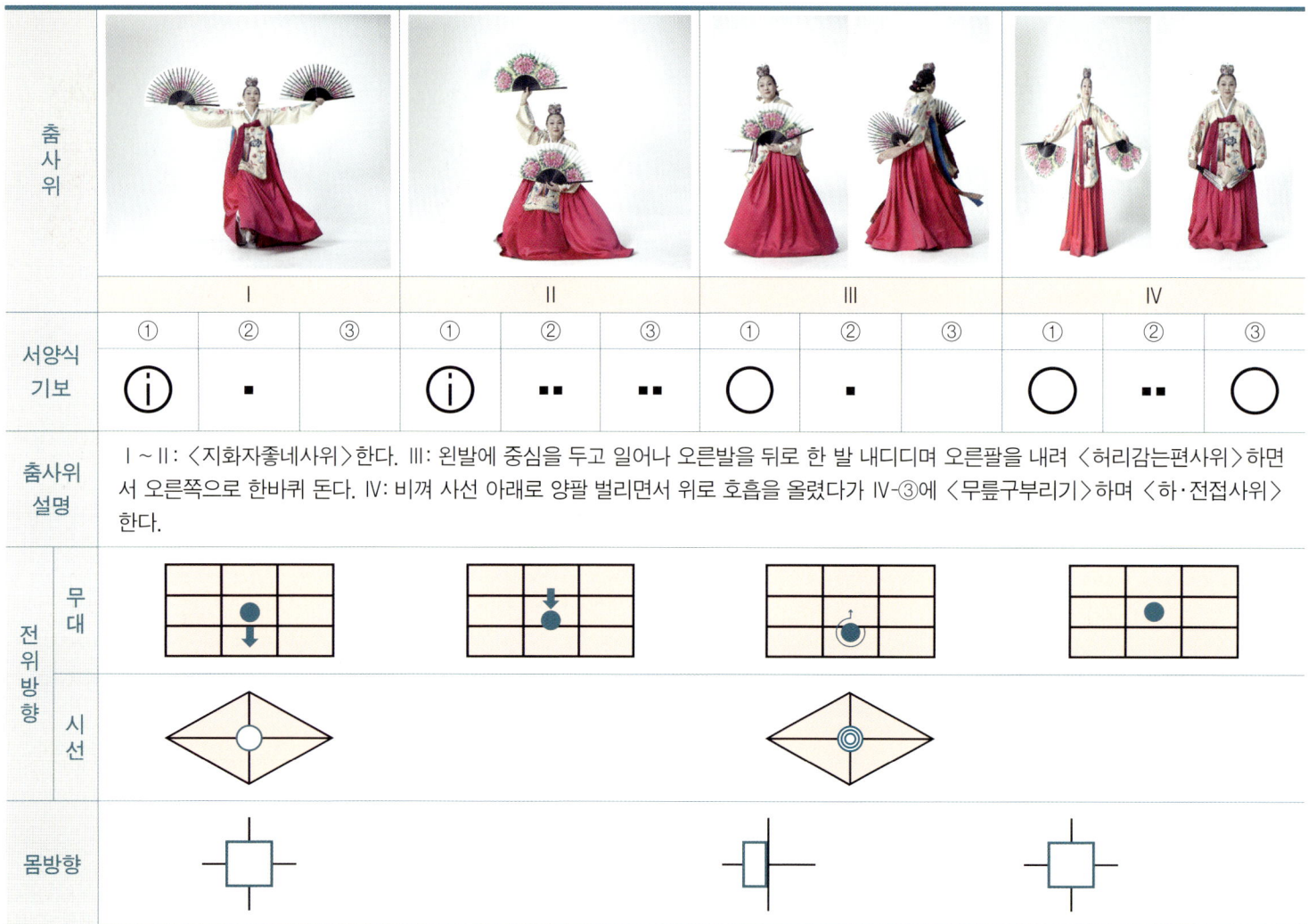

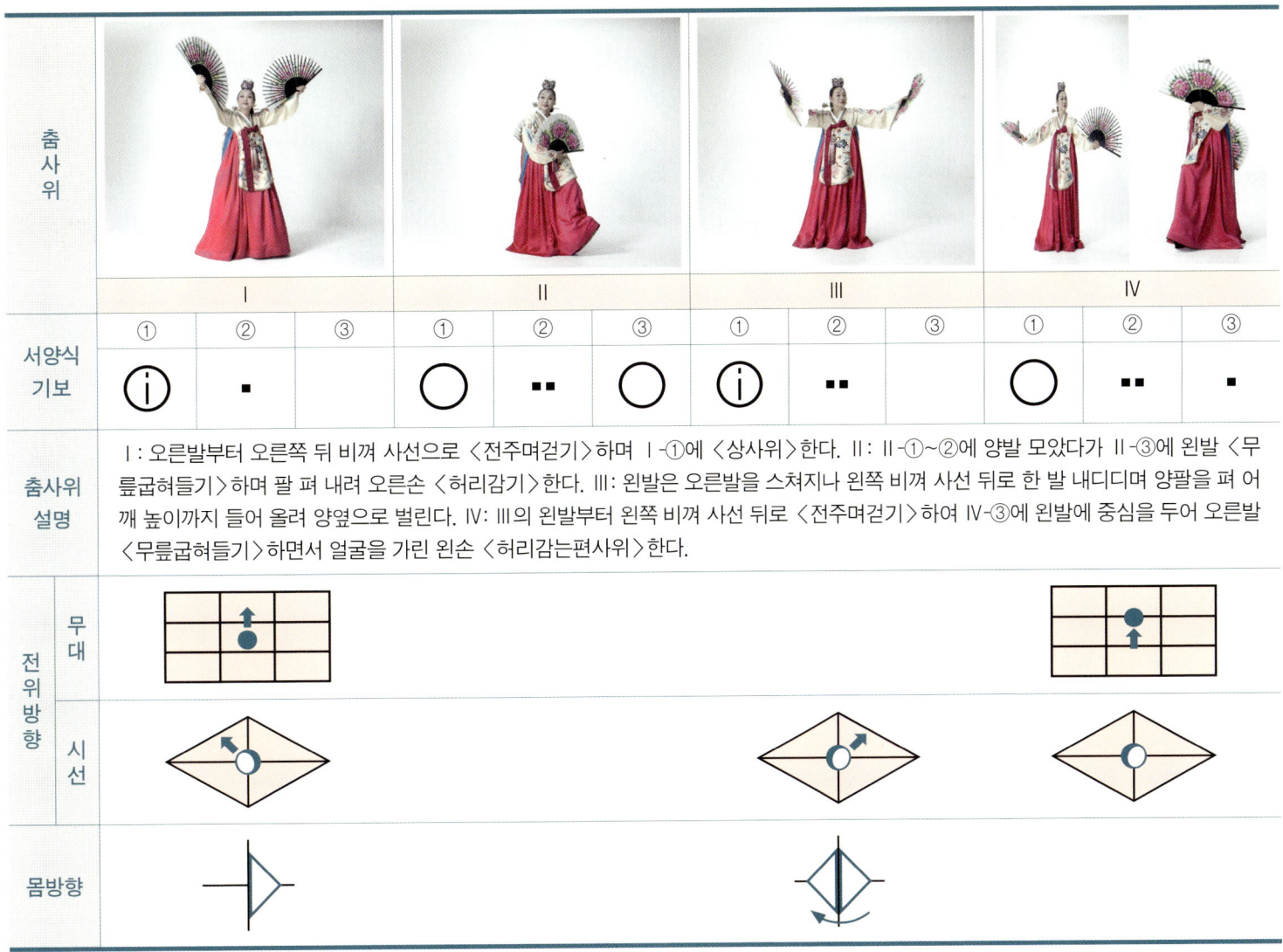

부채춤 (굿거리 1-27)

춤사위	Ⅰ			Ⅱ			Ⅲ			Ⅳ		
서양식 기보	①	②	③	①	②	③	①	②	③	①	②	③
	ⓘ	▪		ⓘ	▪▪	▪	ⓘ	▪		○		▪

춤사위 설명

Ⅰ~Ⅱ: 정면을 향해 왼발부터 〈전주며걷기〉하며 서서히 왼손을 허리까지 끌어내려 Ⅱ-③에 〈무릎구부리기〉하는 동시에 〈왼손허리감는편사위〉한다. Ⅲ: 오른발 〈무릎굽혀들기〉하며 왼손은 팔꿈치를 밖으로 밀어내고, 오른팔은 위로 들어 Ⅲ-③에 오른쪽 부채의 「선두」를 안쪽으로 당기듯 하여 뒤집으며 오른발을 왼쪽으로 꼬아 디뎌 한 바퀴 돈다. Ⅳ: 한 바퀴 돌렸던 오른팔을 몸체 밖으로 팔 펴 돌려내려 〈앞으로모으는사위〉로 가져왔다가 양옆 비껴 사선 아래로 벌린 과정을 지나 〈하·전접사위〉한다.

부채춤 (굿거리 1-28)

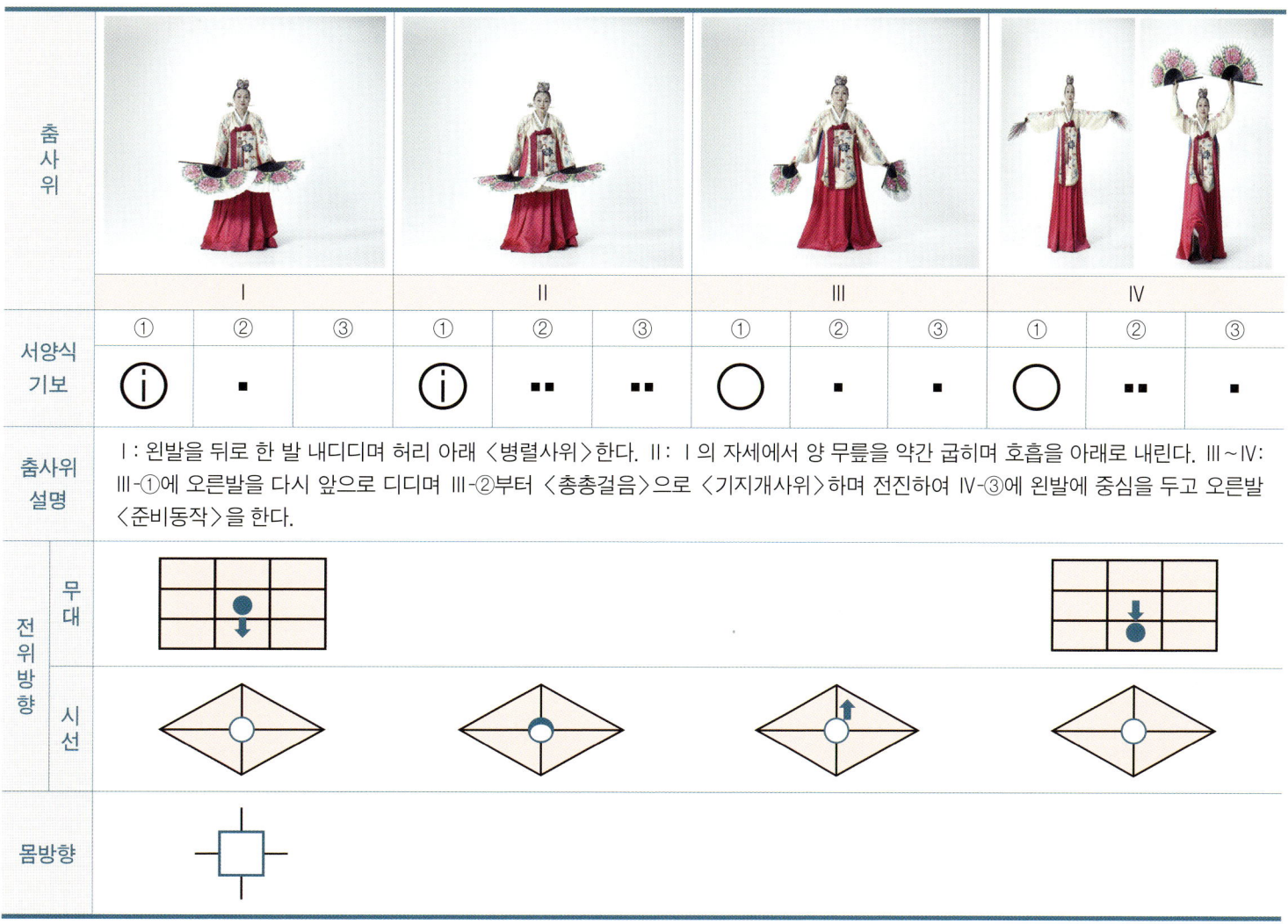

부채춤 (굿거리 1-29)

춤사위	I			II			III			IV		
	①	②	③	①	②	③	①	②	③	①	②	③
서양식 기보	ⓘ	▪		ⓘ			ⓘ	▪		○	▪▪	○

춤사위 설명: Ⅰ~Ⅳ: 머리 위 〈병렬사위〉 자세를 유지하며 Ⅰ-①에 오른발 〈뒤꿈치찍기〉하고 Ⅱ-①에 다시 오른발 〈준비동작〉하여 호흡을 내린다. Ⅲ-①에 호흡을 위로 올리며 오른발을 왼쪽으로 꼬아 디뎌 왼쪽으로 한 바퀴 돈다. Ⅳ-①에 호흡을 위로 올리며 양발 〈무릎펴기〉하고, Ⅳ-③에 호흡을 약간 내리면서 오른발 〈무릎굽혀들기〉한다.

전위방향 - 무대 / 시선 / 몸방향

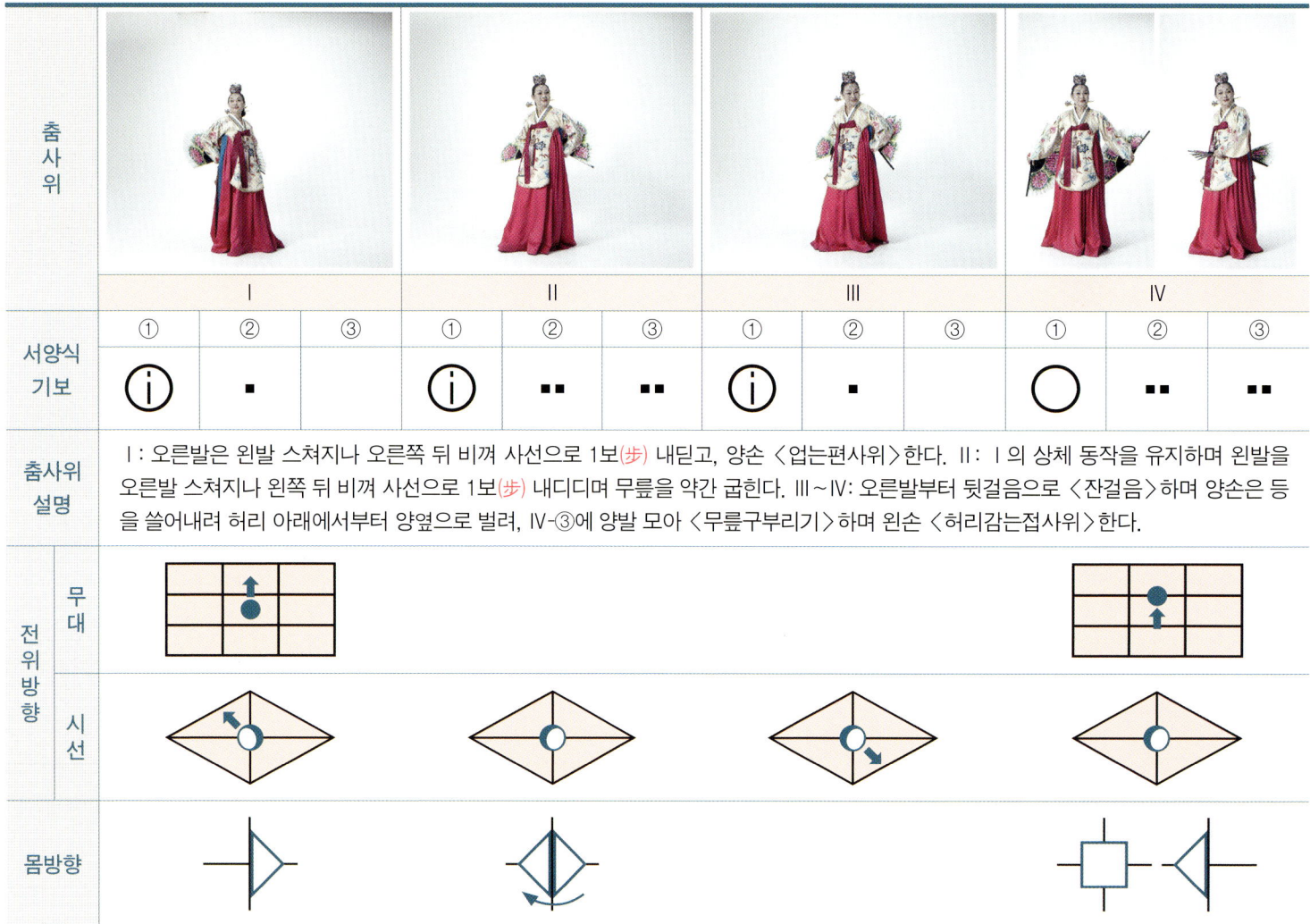

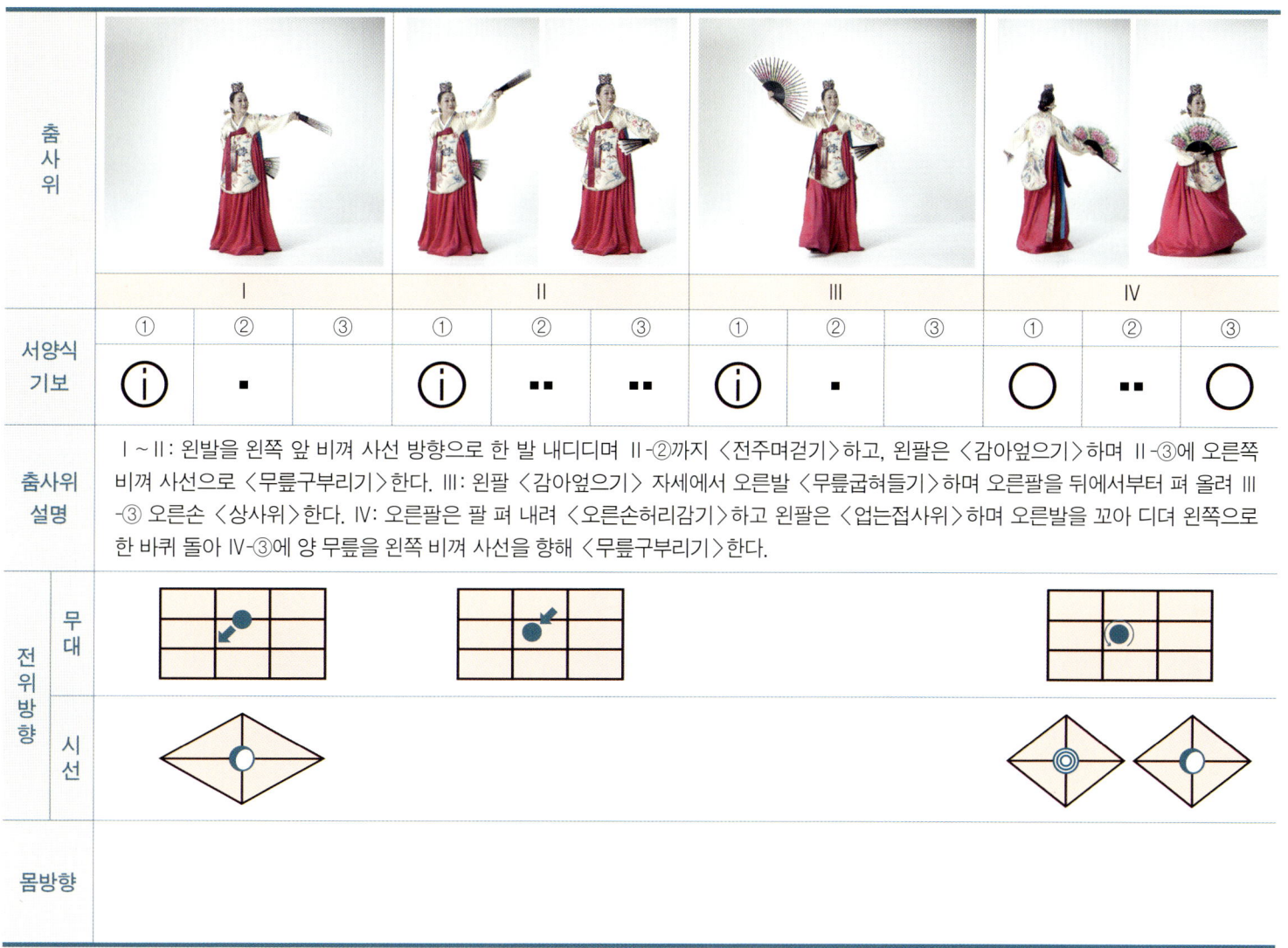

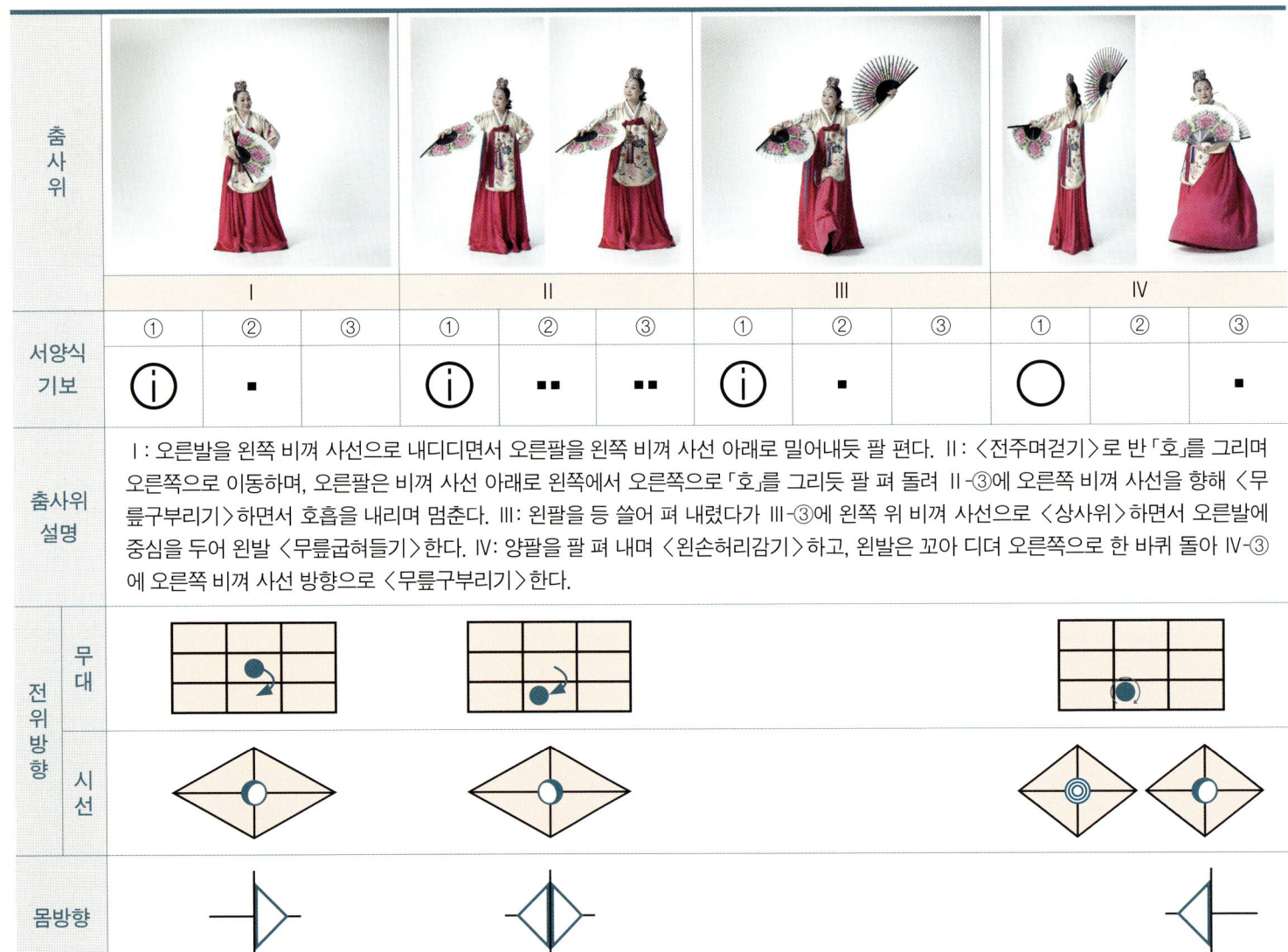

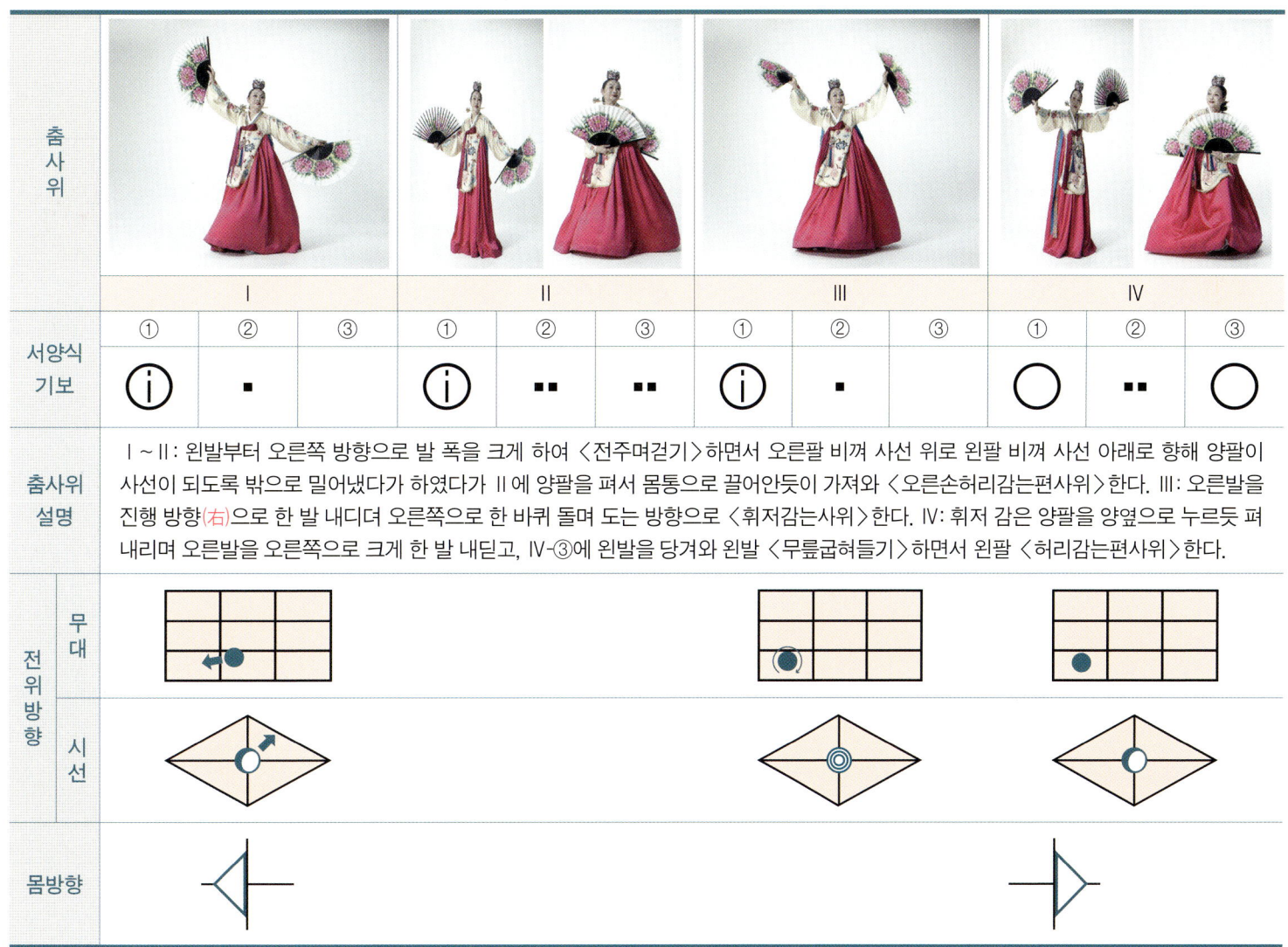

부채춤 (굿거리 1-35)

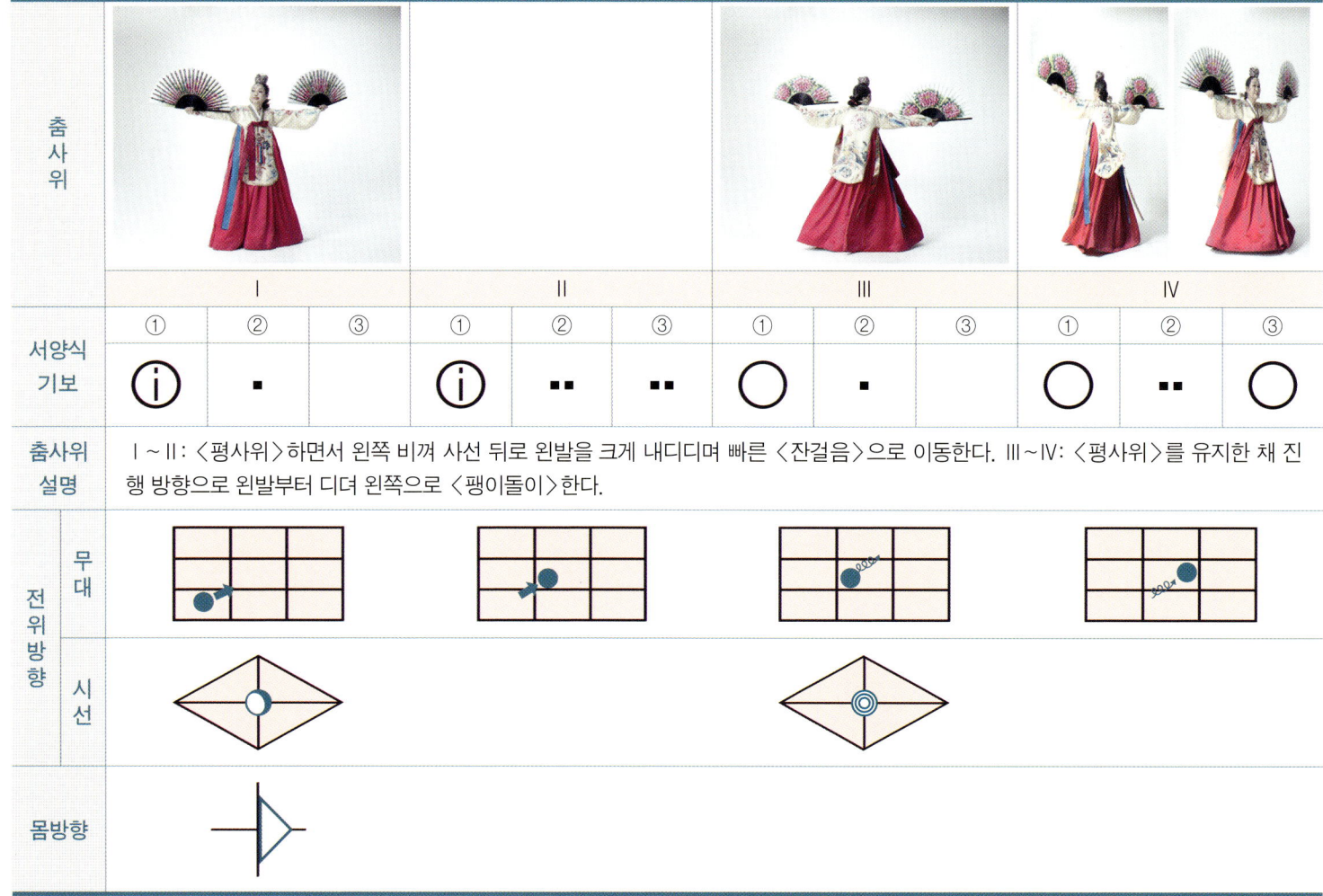

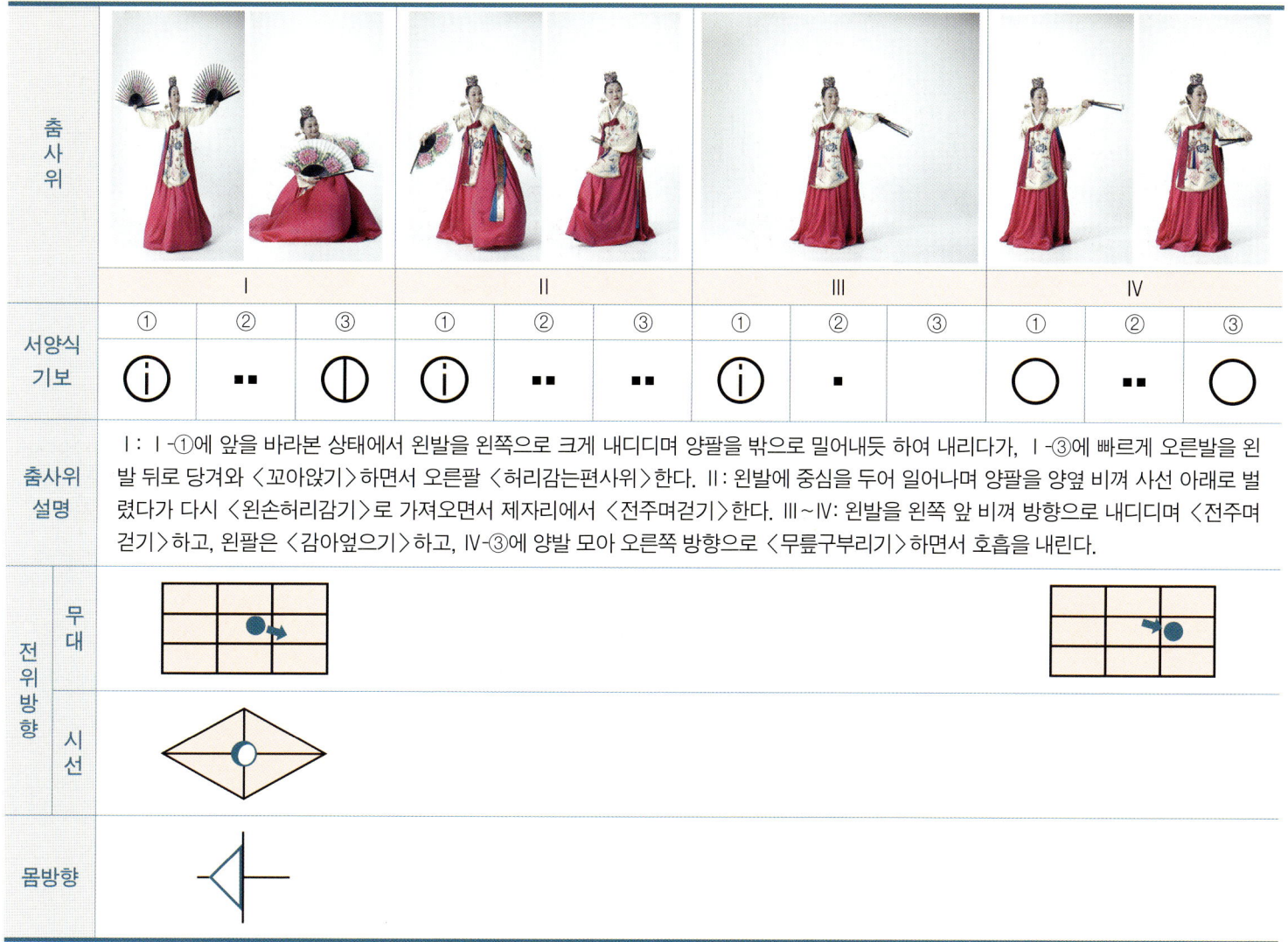

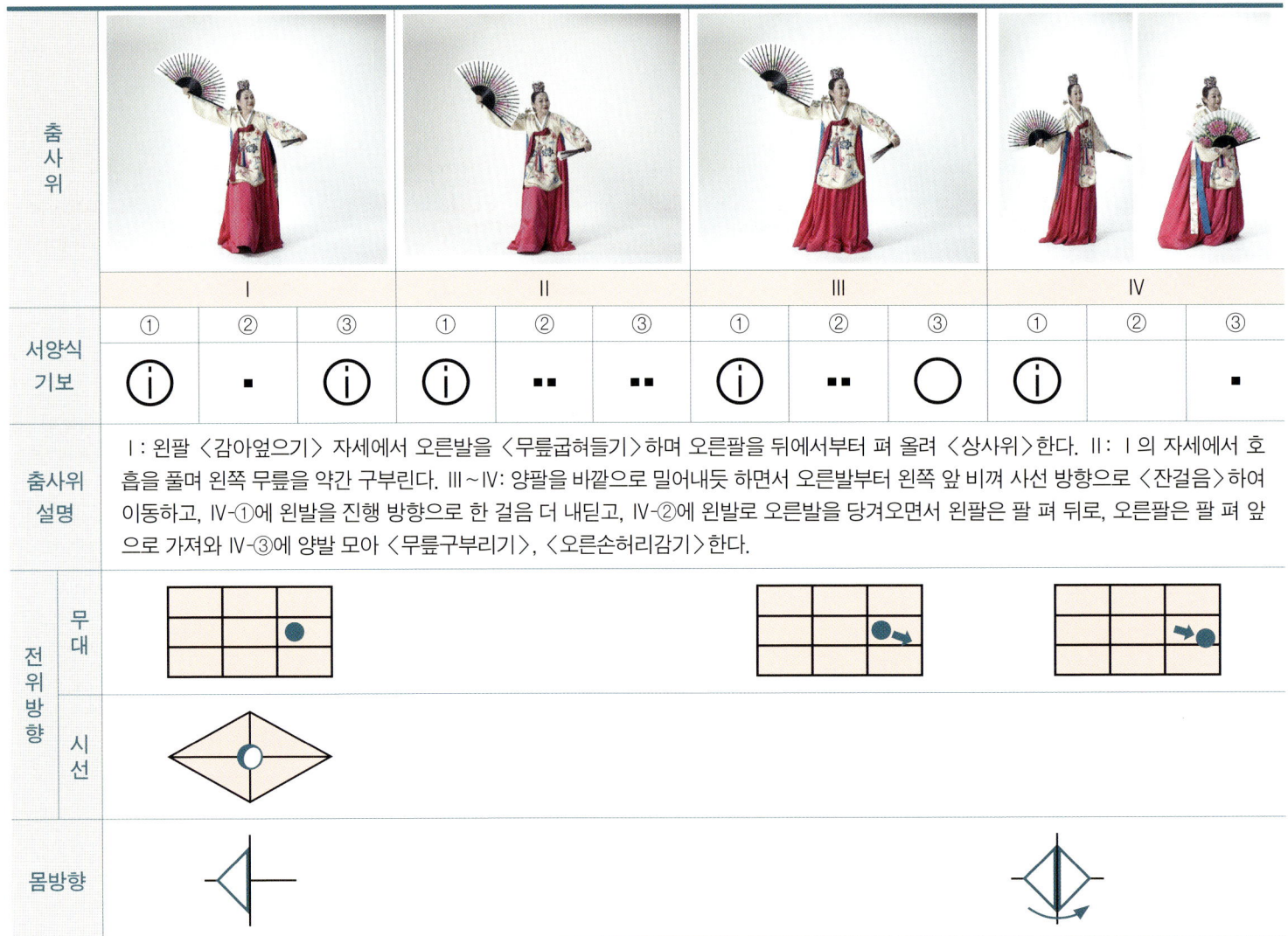

부채춤 (굿거리 1-38)

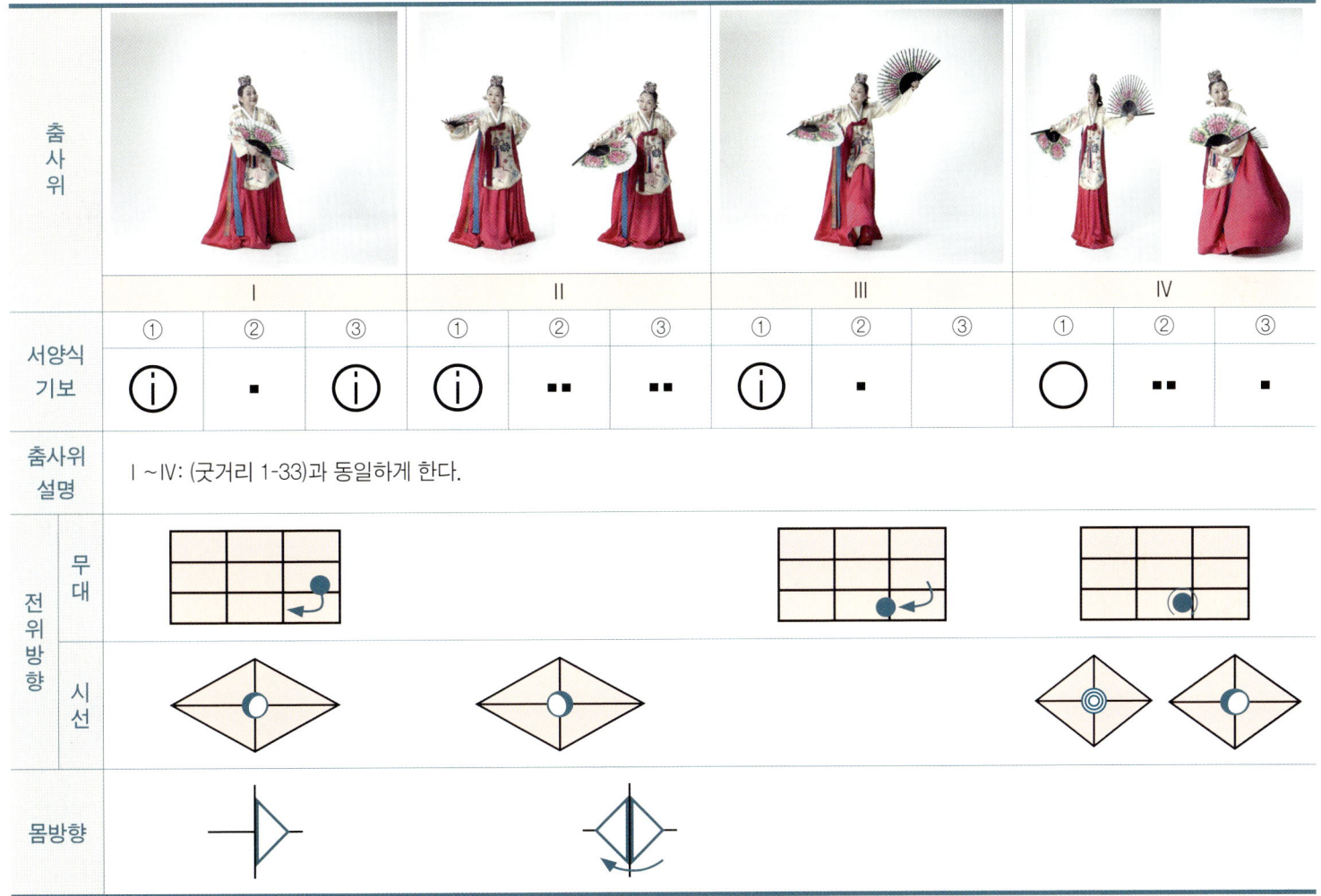

김백봉부채춤 독무의 구성원리와 무보

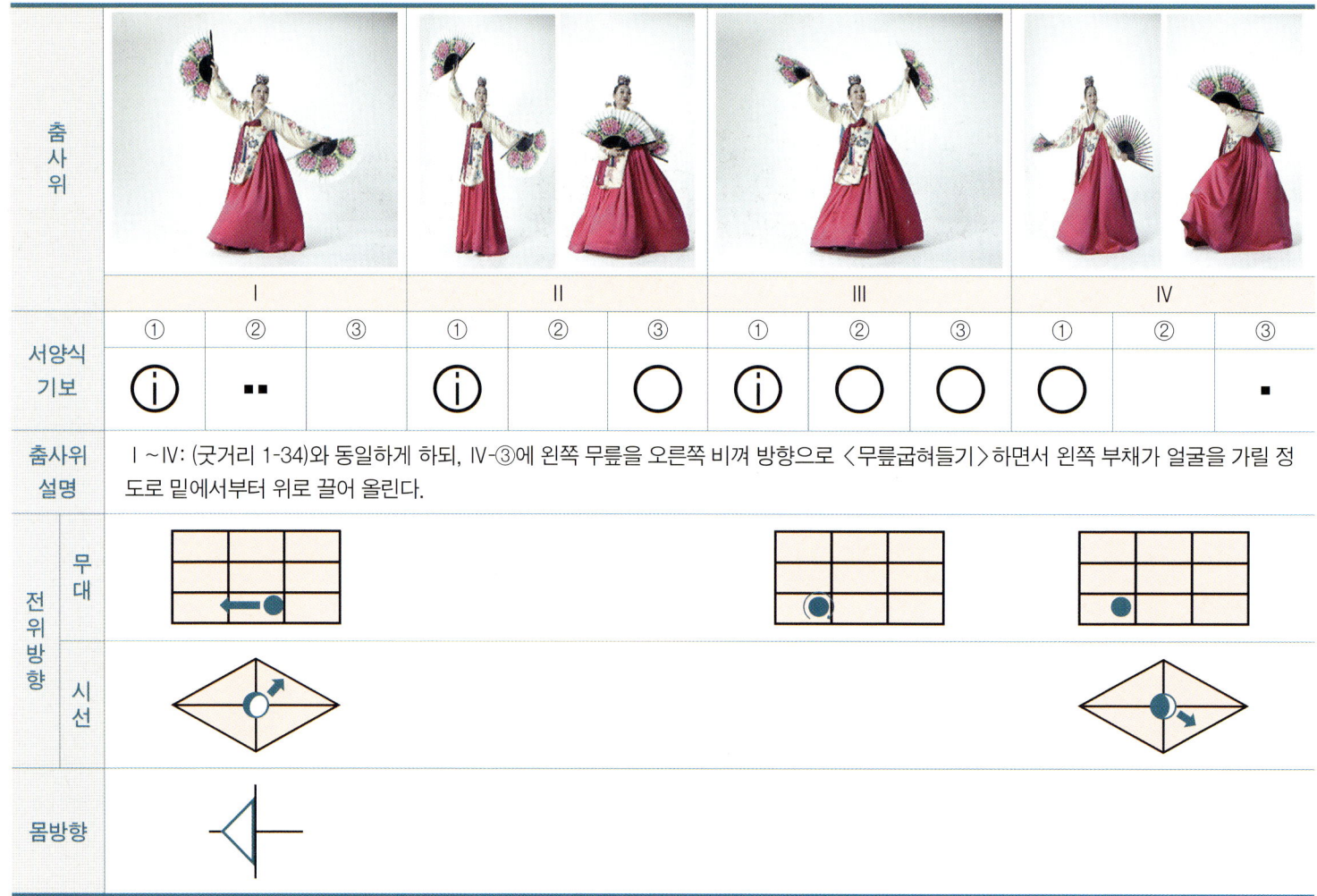

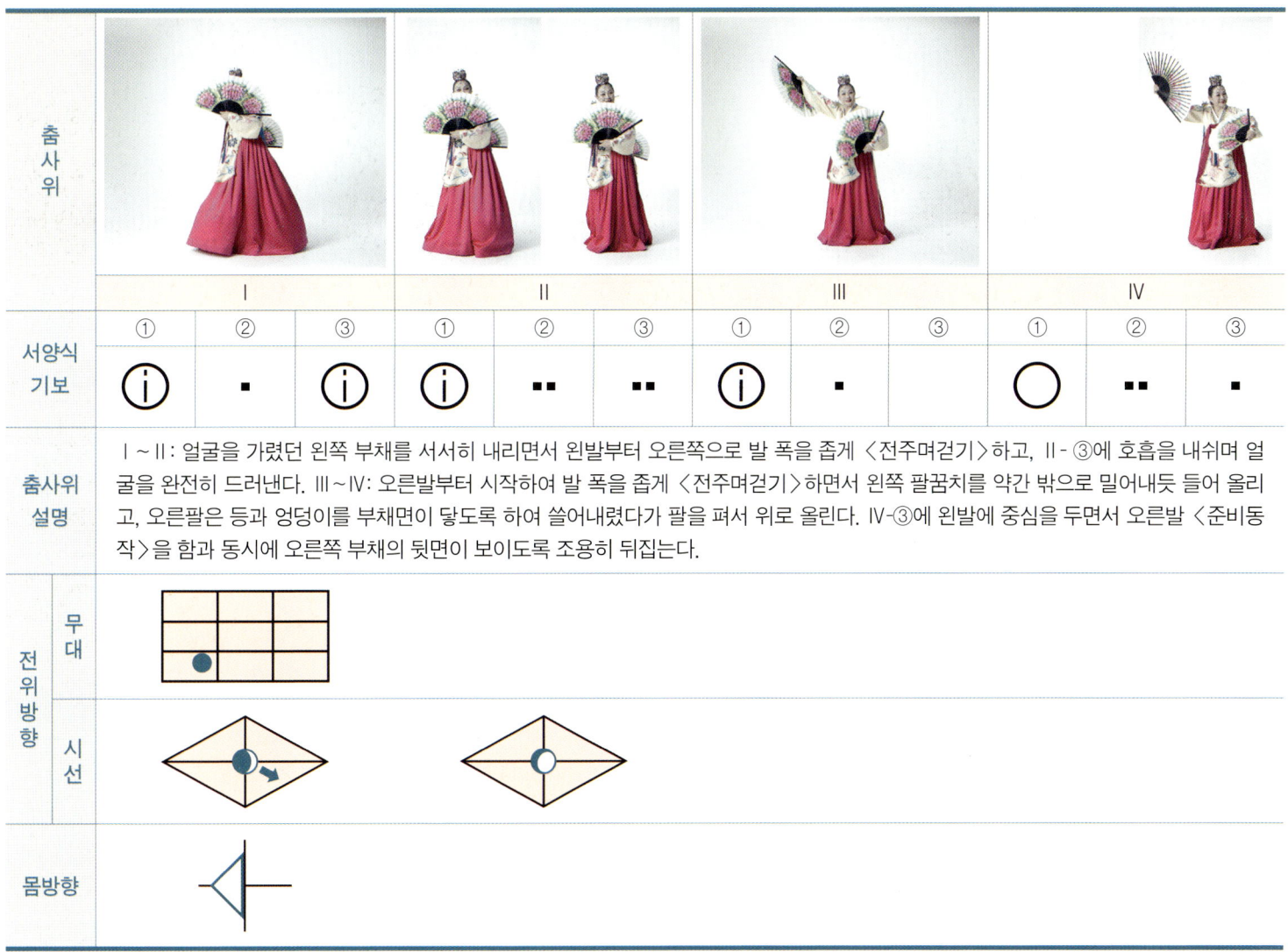

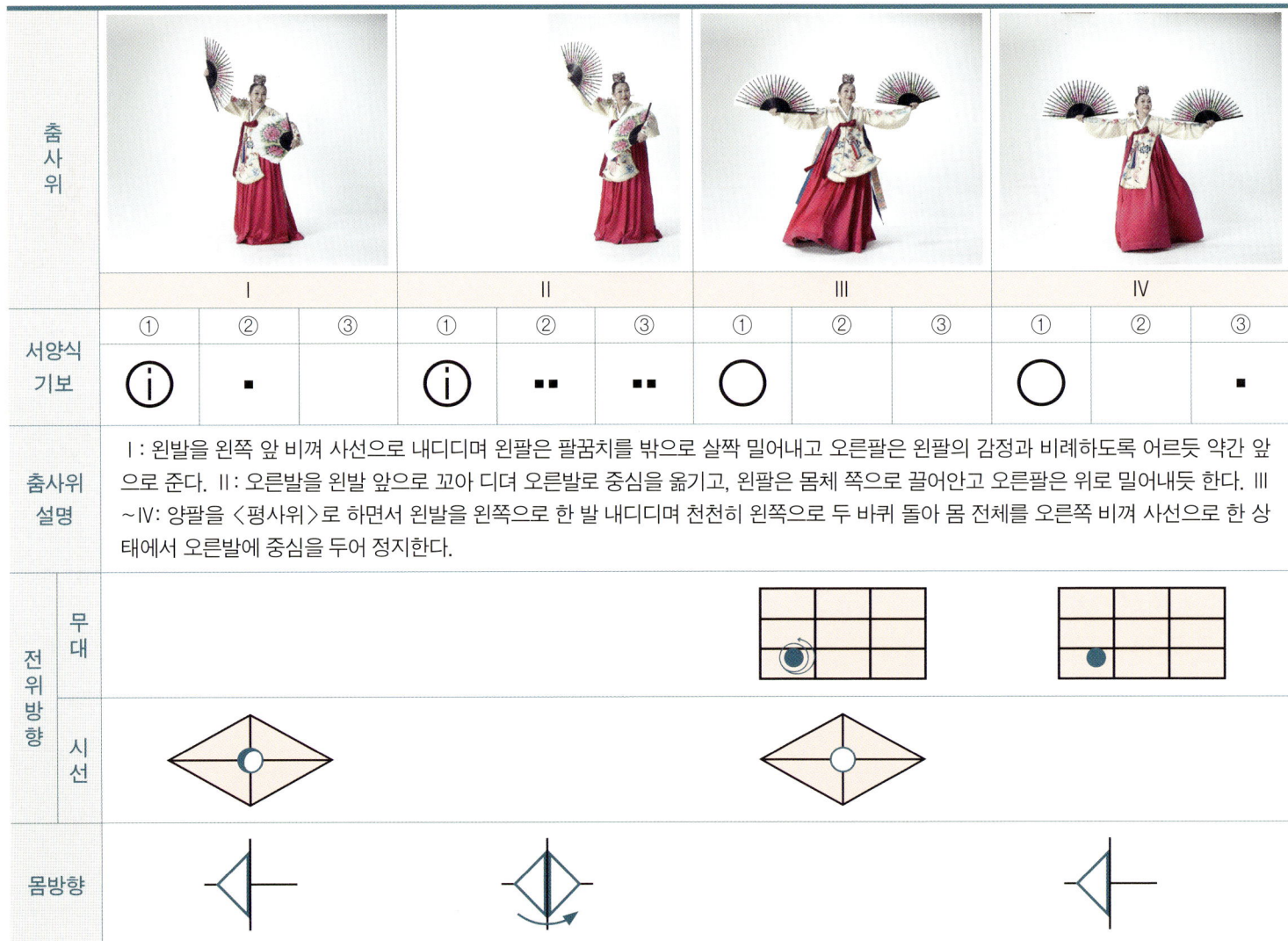

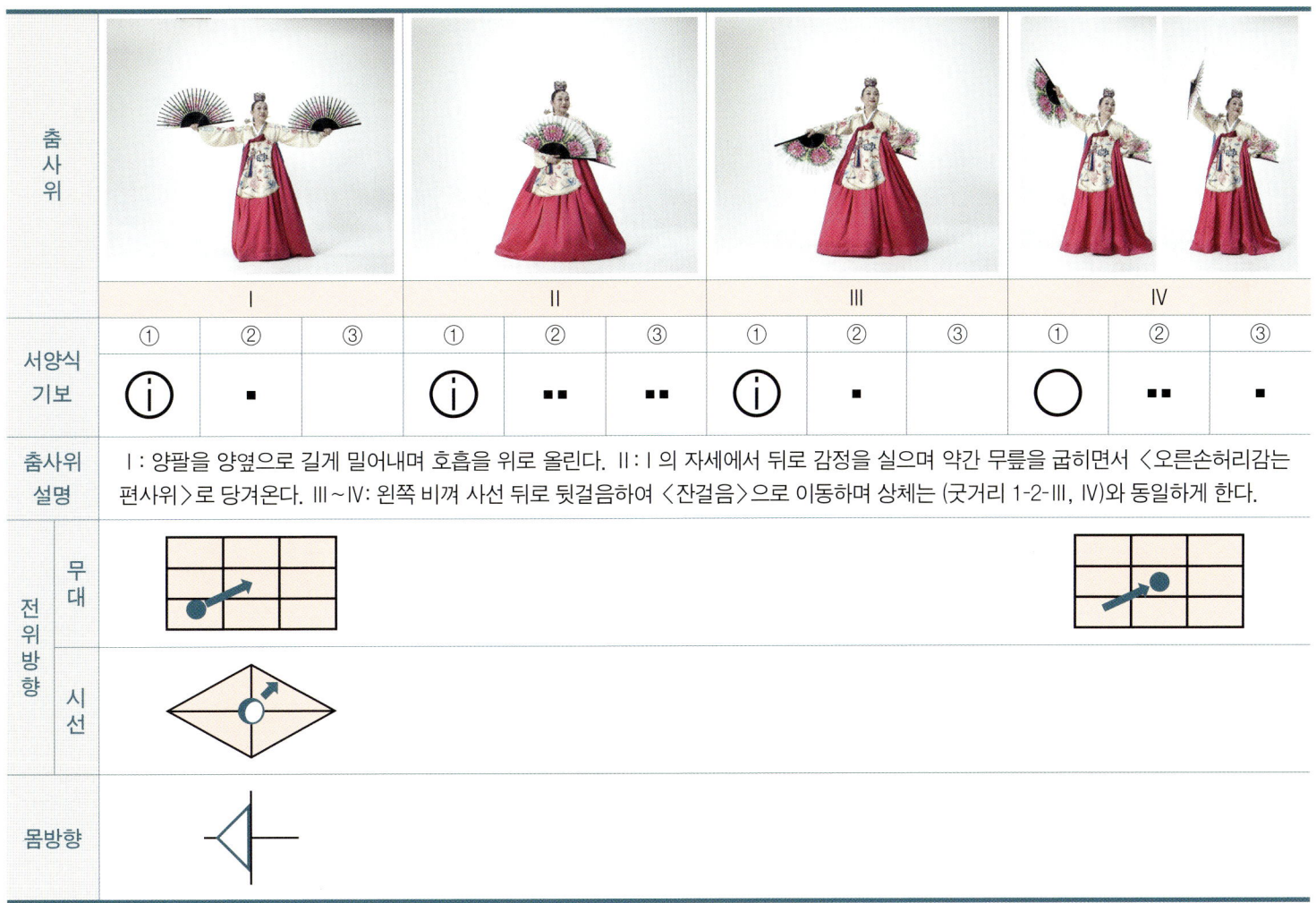

부채춤 (굿거리 1-43)

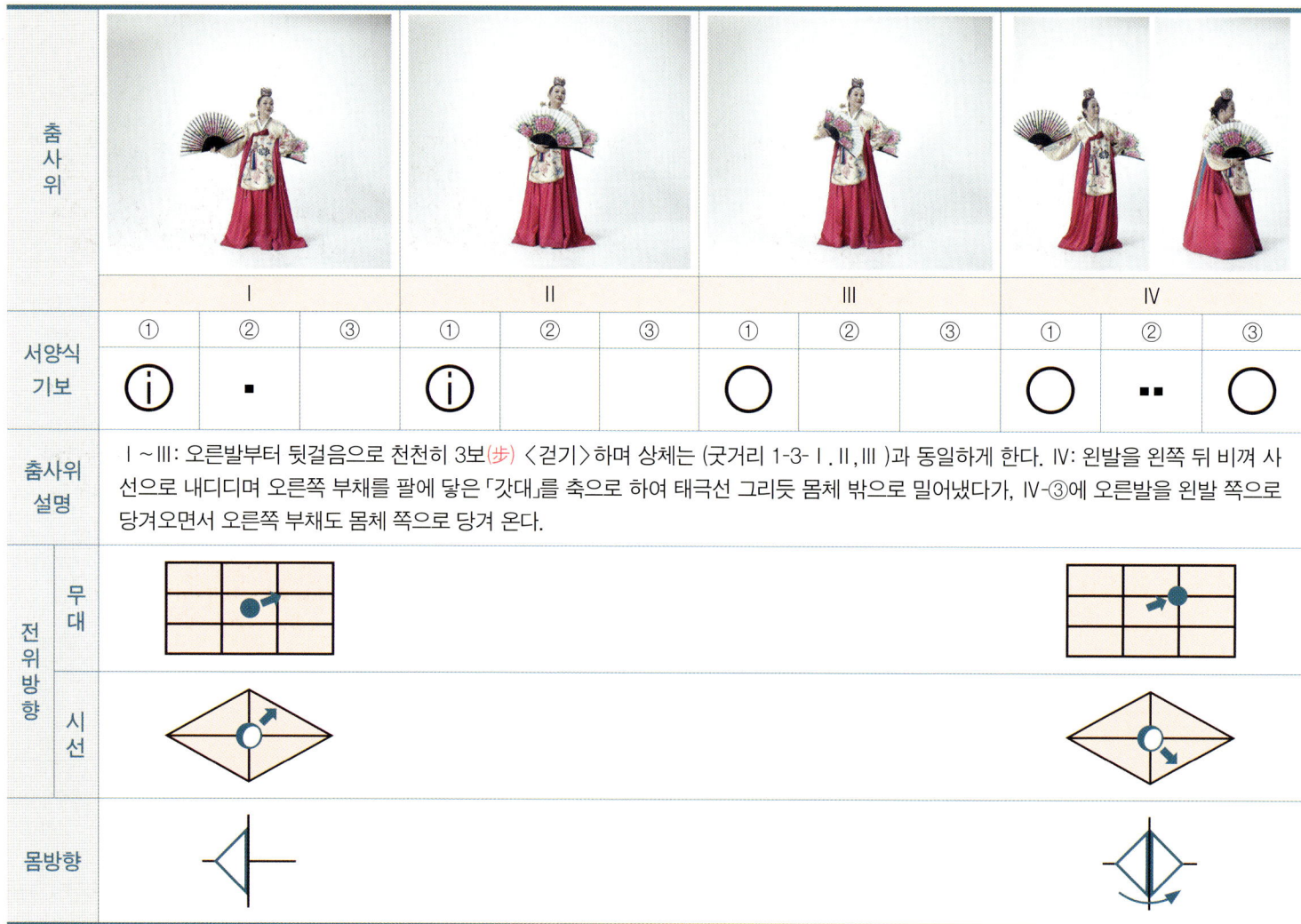

Ⅰ~Ⅲ: 오른발부터 뒷걸음으로 천천히 3보(步) 〈걷기〉하며 상체는 (굿거리 1-3-Ⅰ.Ⅱ,Ⅲ)과 동일하게 한다. Ⅳ: 왼발을 왼쪽 뒤 비껴 사선으로 내디디며 오른쪽 부채를 팔에 닿은 「갓대」를 축으로 하여 태극선 그리듯 몸체 밖으로 밀어냈다가, Ⅳ-③에 오른발을 왼발 쪽으로 당겨오면서 오른쪽 부채도 몸체 쪽으로 당겨 온다.

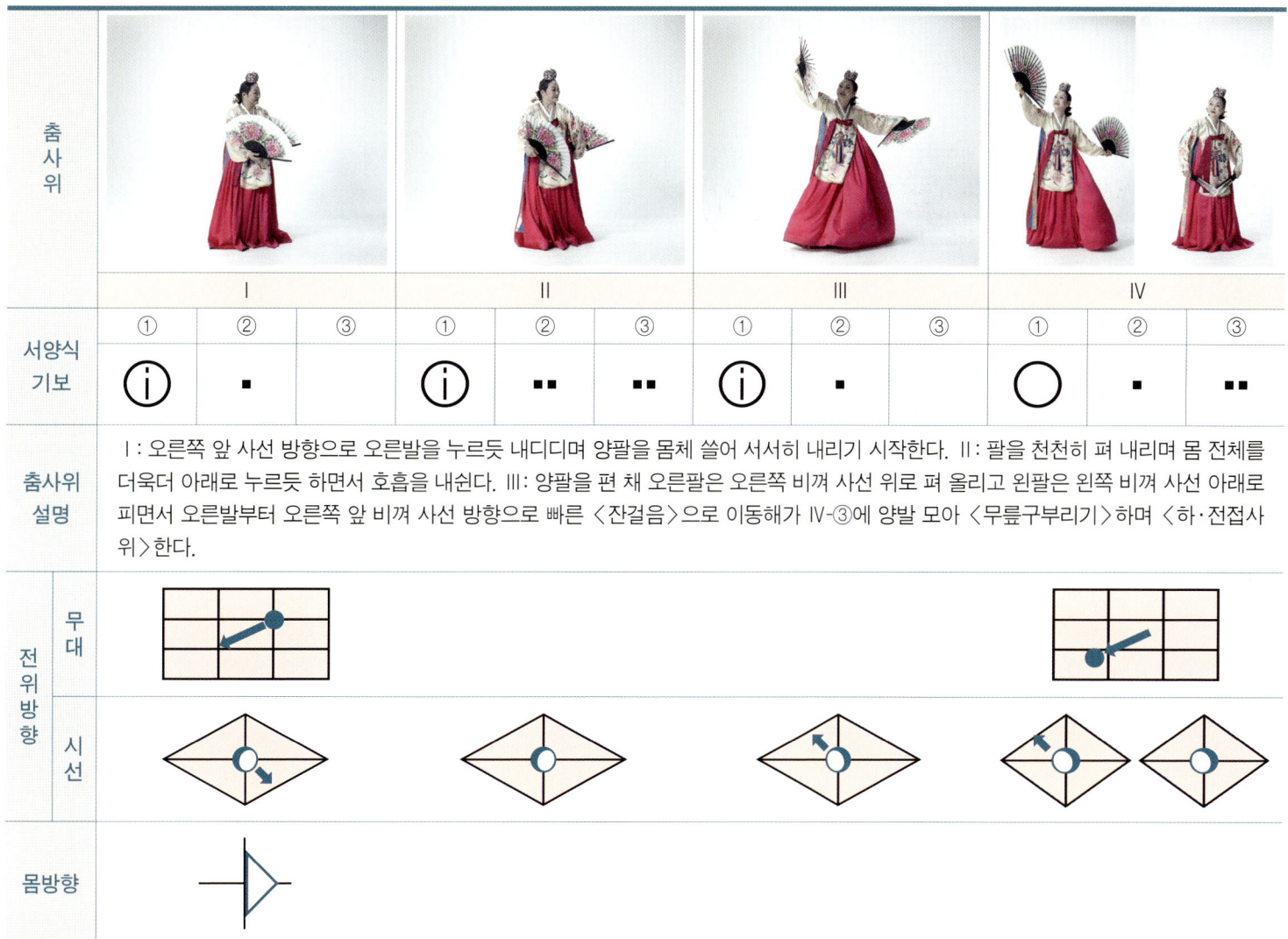

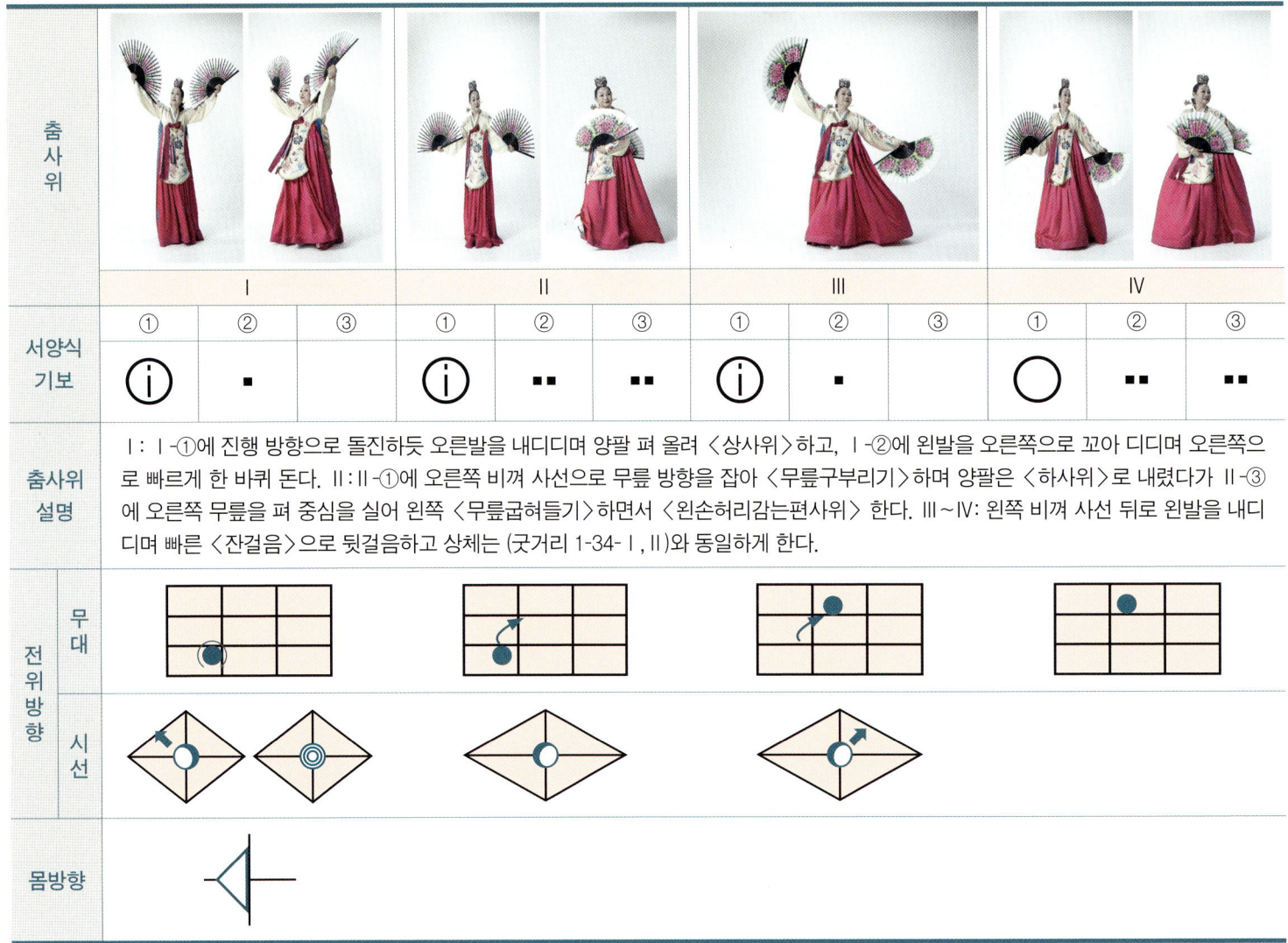

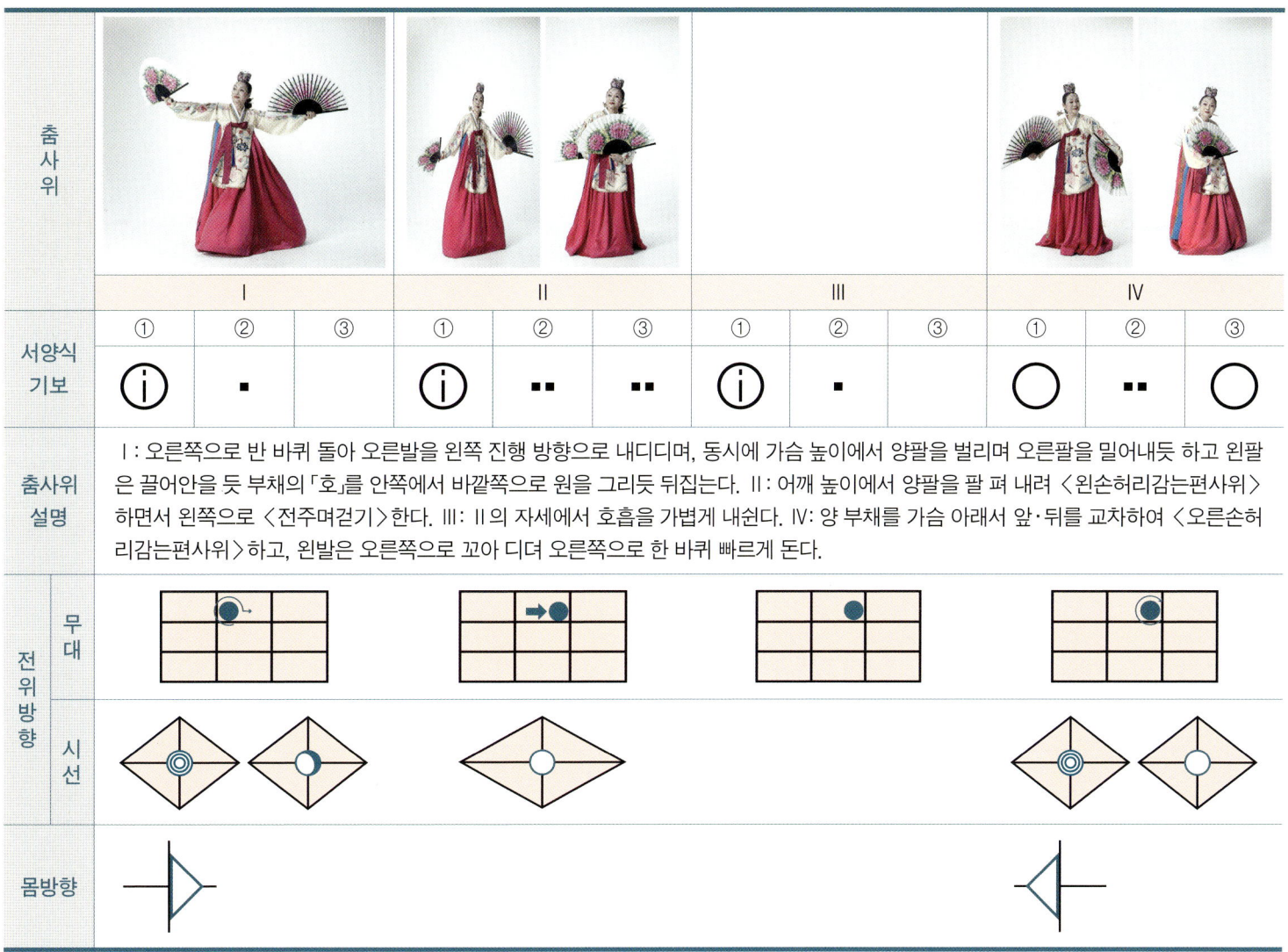

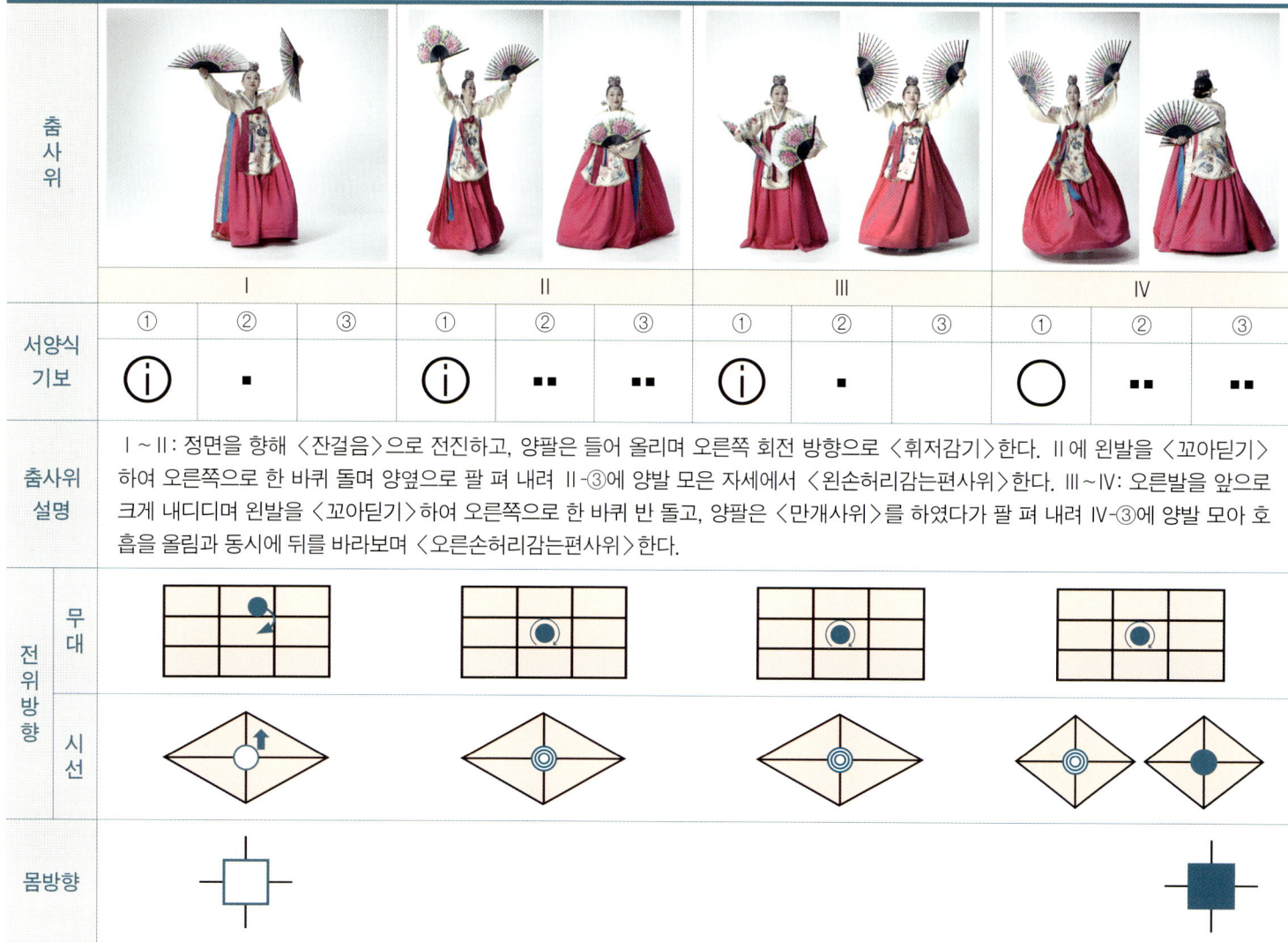

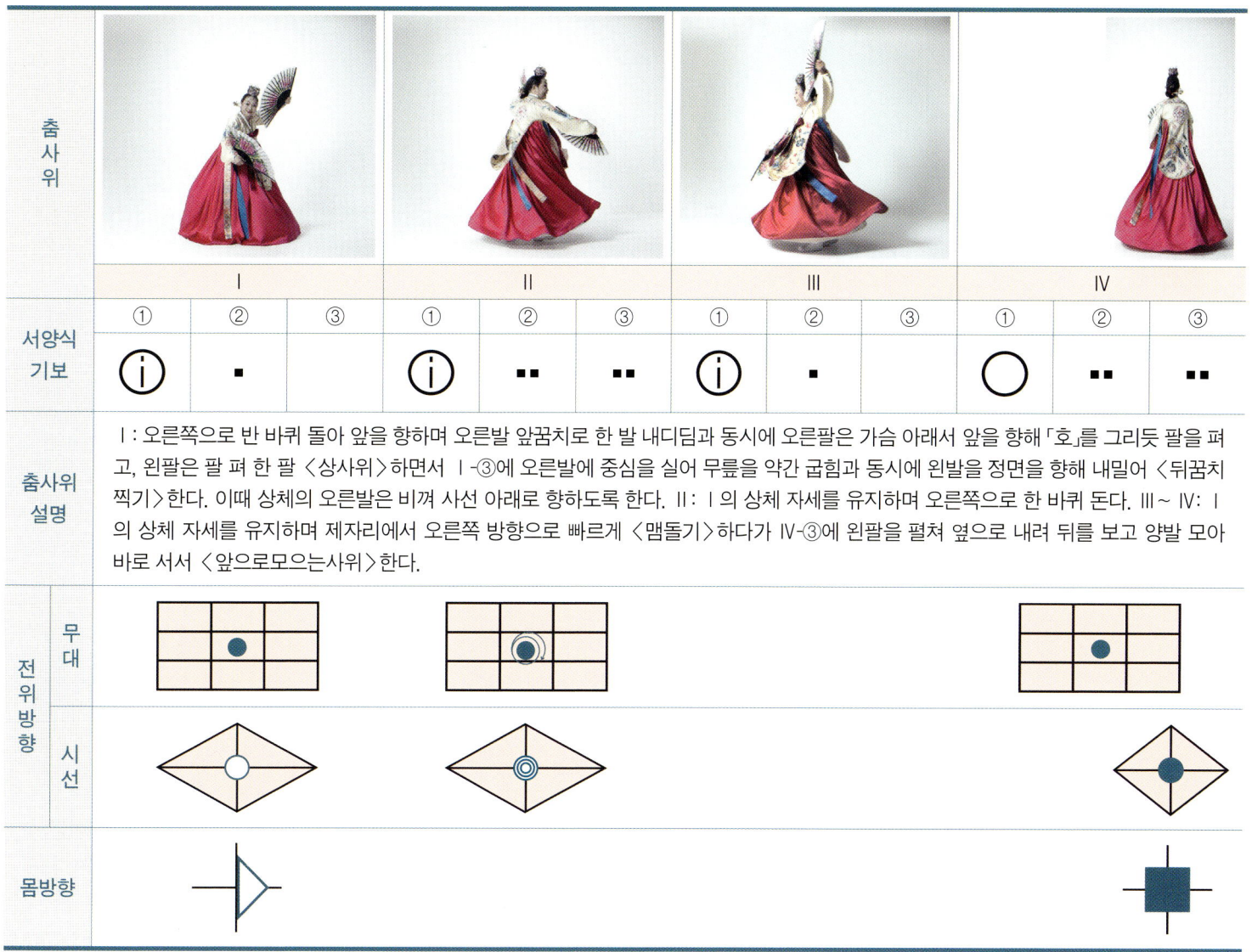

부채춤 (굿거리 1-49)

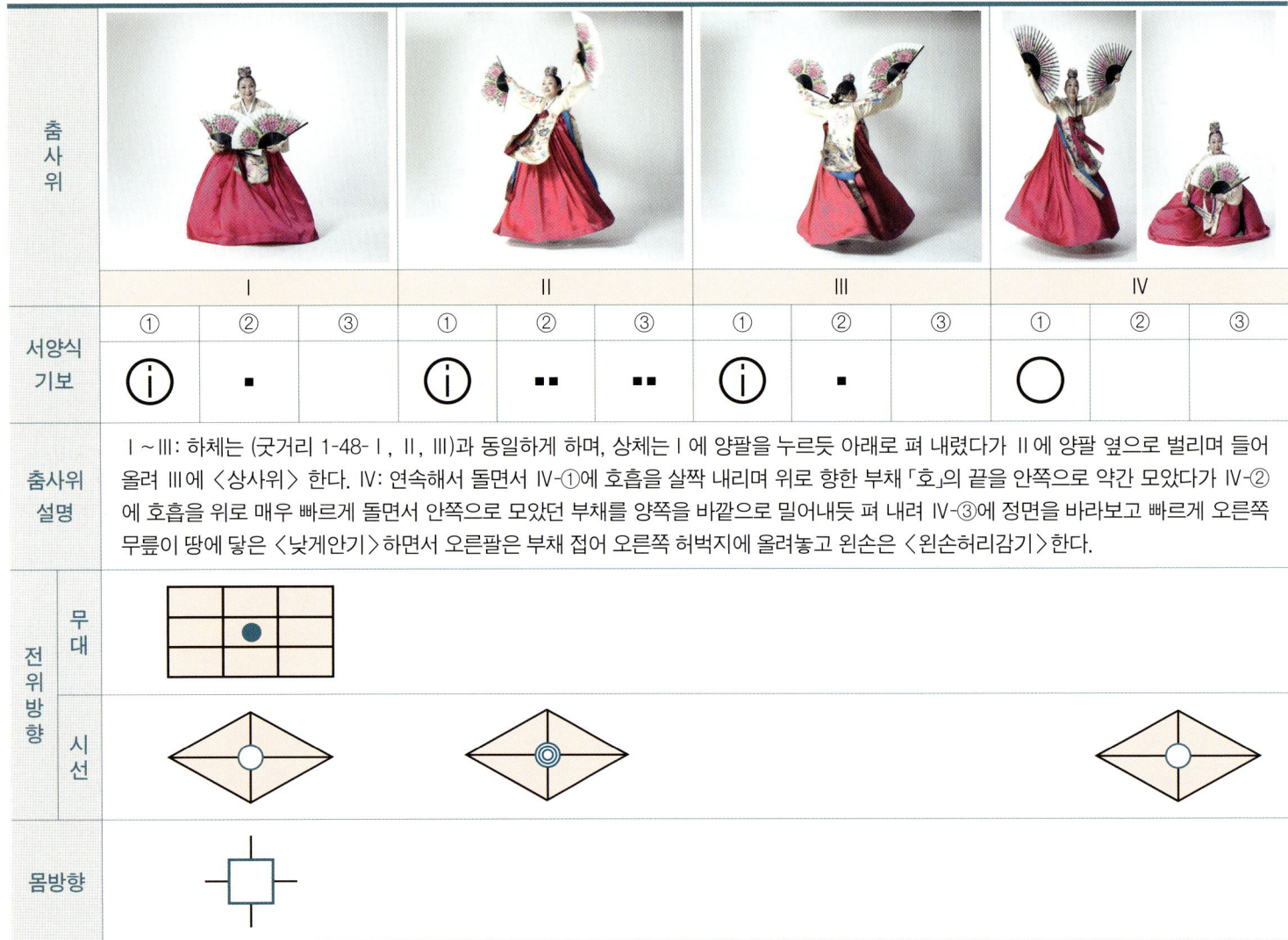

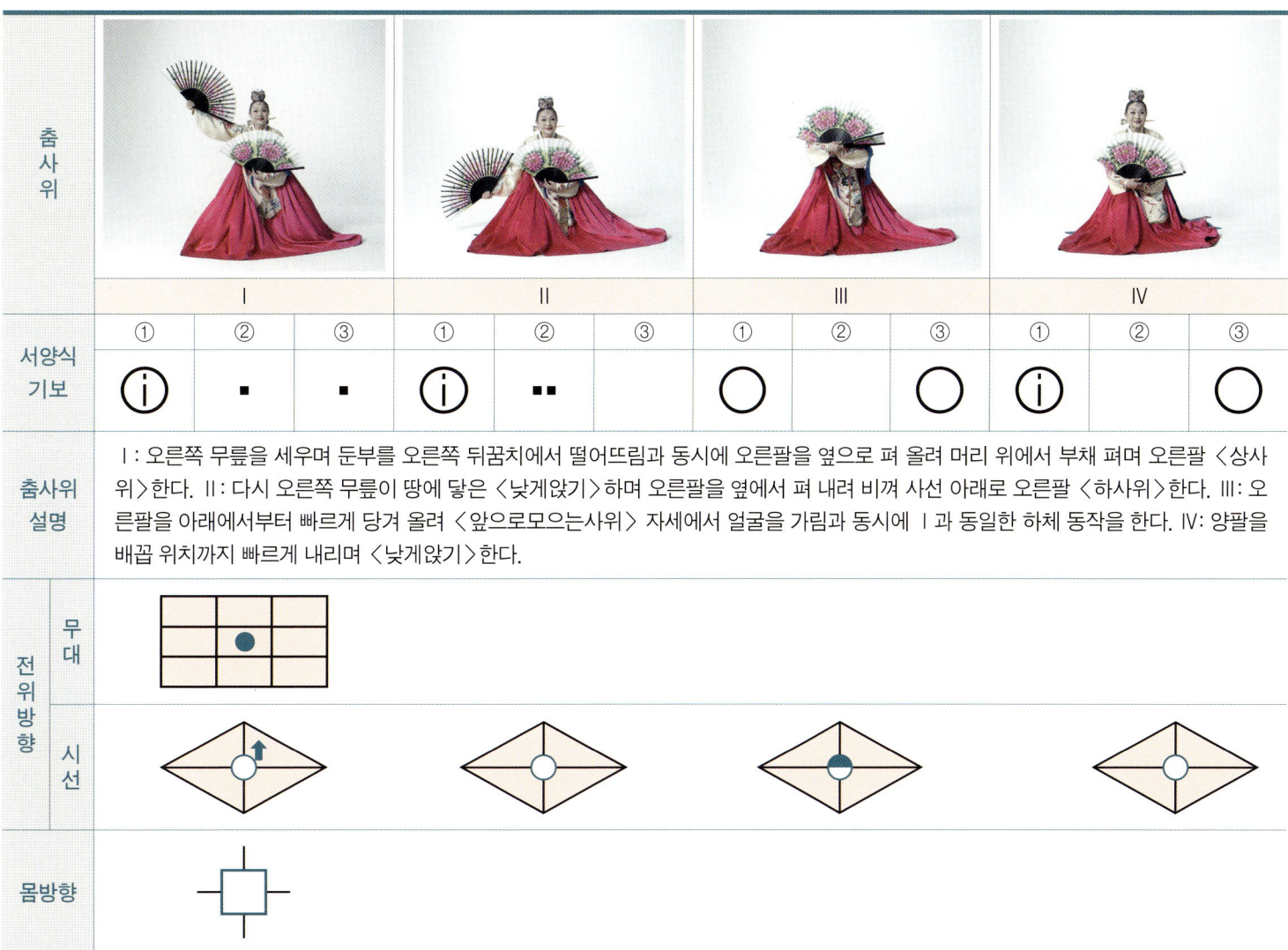

부채춤 (굿거리 1-51)

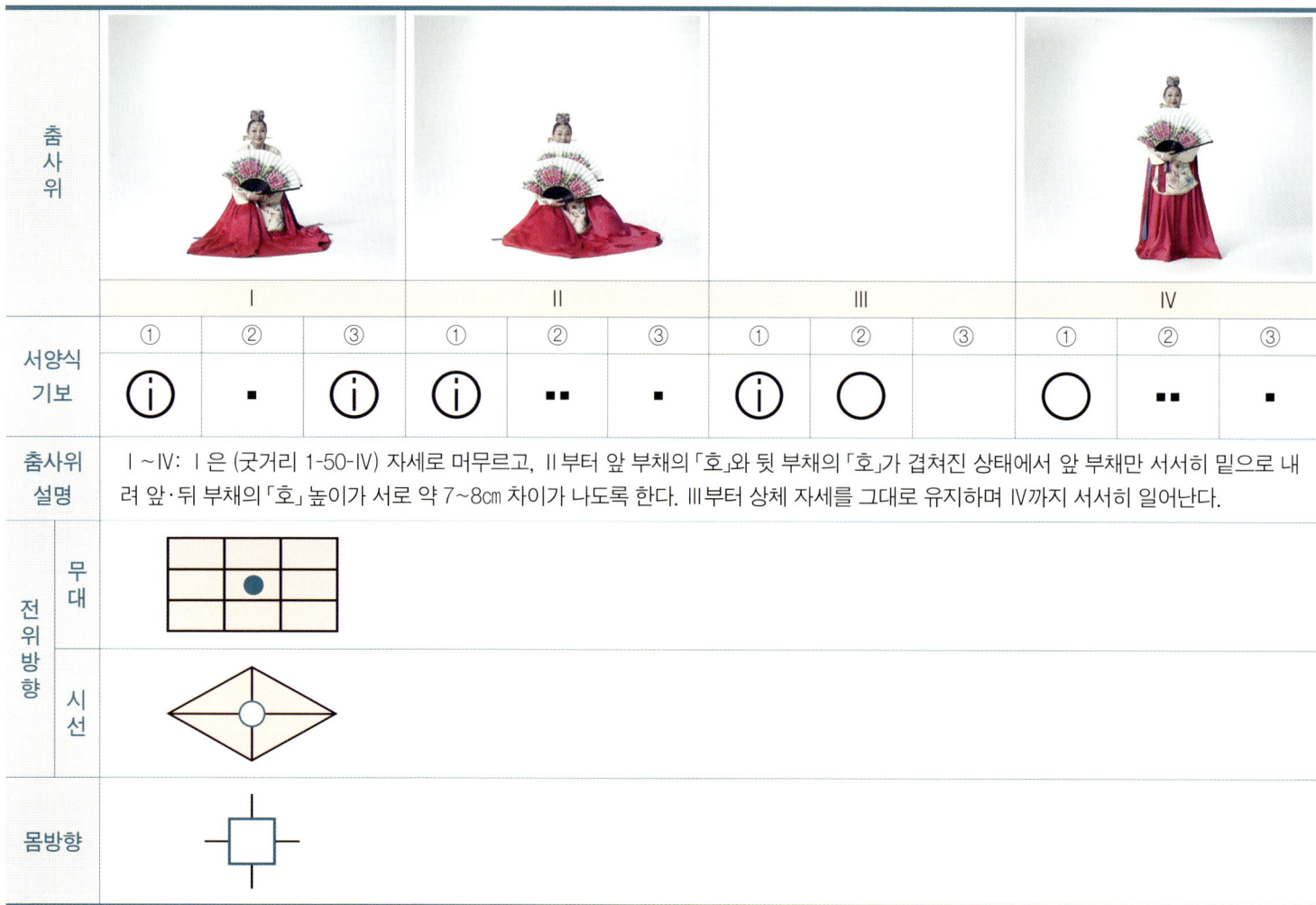

춤사위	I			II			III			IV		
서양식 기보	①	②	③	①	②	③	①	②	③	①	②	③
	ⓘ	.	ⓘ	ⓘ	..	.	ⓘ	○		○	..	.

춤사위 설명: Ⅰ~Ⅳ: Ⅰ은 (굿거리 1-50-Ⅳ) 자세로 머무르고, Ⅱ부터 앞 부채의 「호」와 뒷 부채의 「호」가 겹쳐진 상태에서 앞 부채만 서서히 밑으로 내려 앞·뒤 부채의 「호」 높이가 서로 약 7~8㎝ 차이가 나도록 한다. Ⅲ부터 상체 자세를 그대로 유지하며 Ⅳ까지 서서히 일어난다.

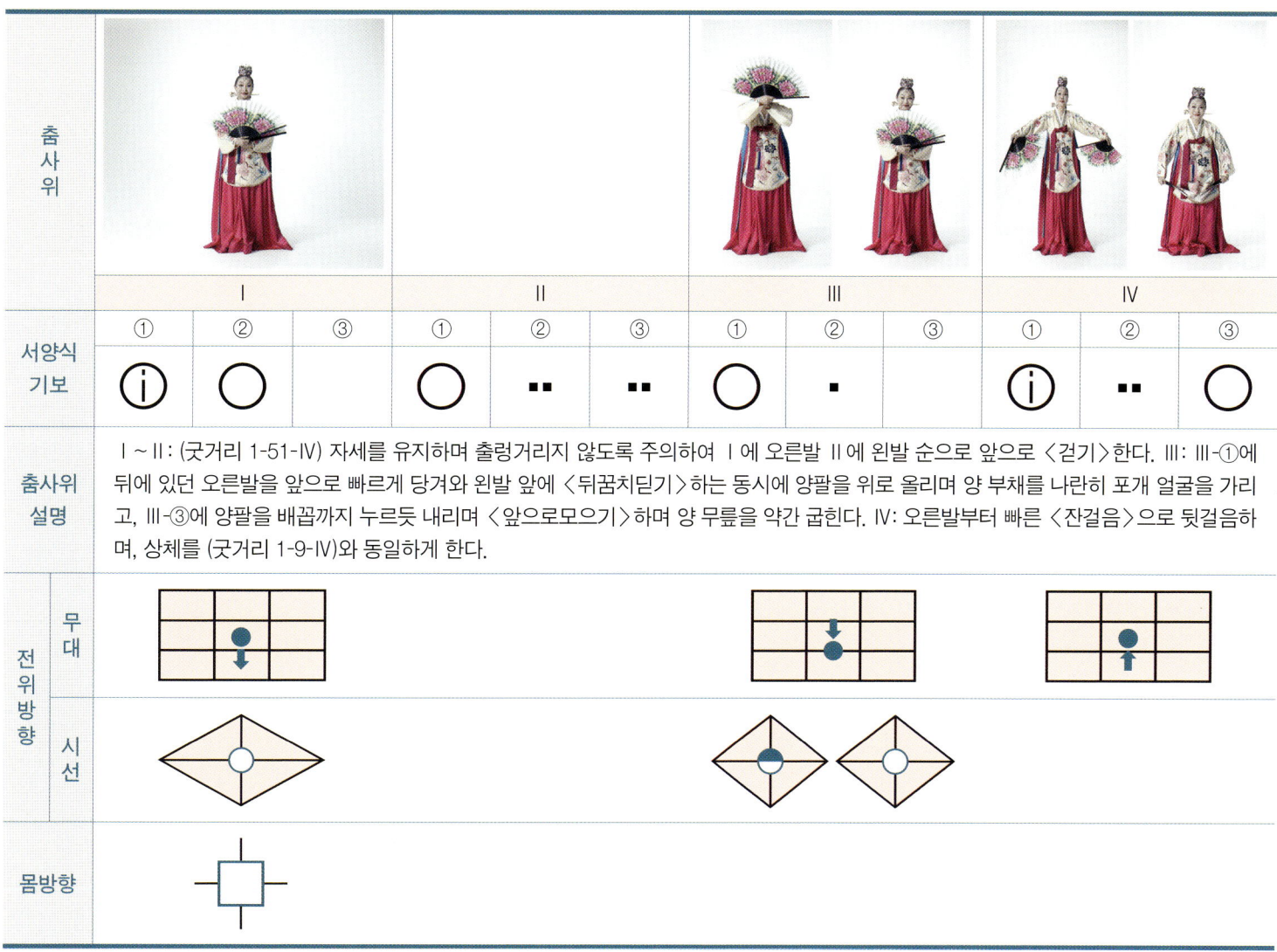

부채춤 (굿거리 1-53)

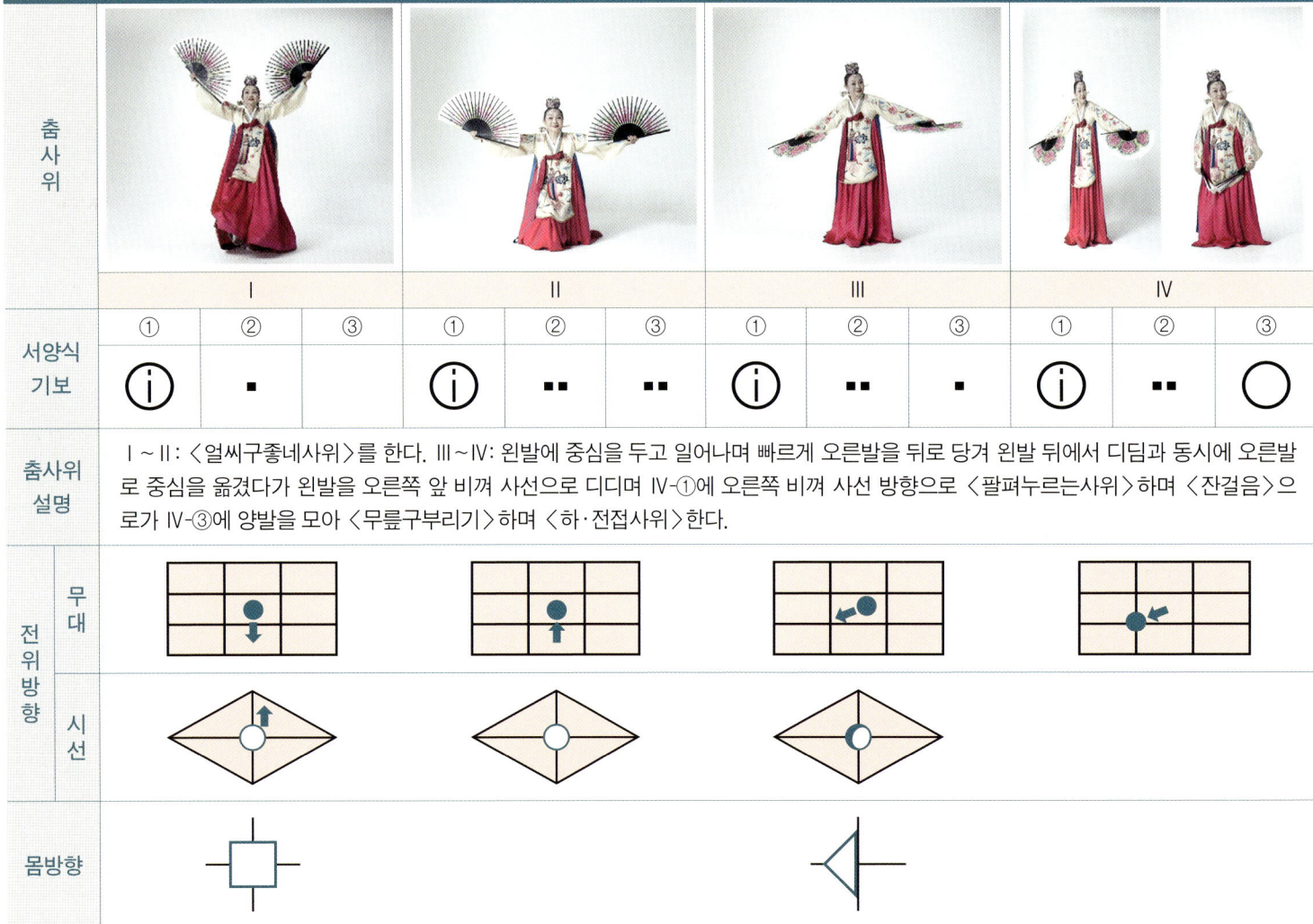

I~II: 〈얼씨구좋네사위〉를 한다. III~IV: 왼발에 중심을 두고 일어나며 빠르게 오른발을 뒤로 당겨 왼발 뒤에서 디딤과 동시에 오른발로 중심을 옮겼다가 왼발을 오른쪽 앞 비껴 사선으로 디디며 IV-①에 오른쪽 비껴 사선 방향으로 〈팔펴누르는사위〉하며 〈잔걸음〉으로 가 IV-③에 양발을 모아 〈무릎구부리기〉하며 〈하·전접사위〉한다.

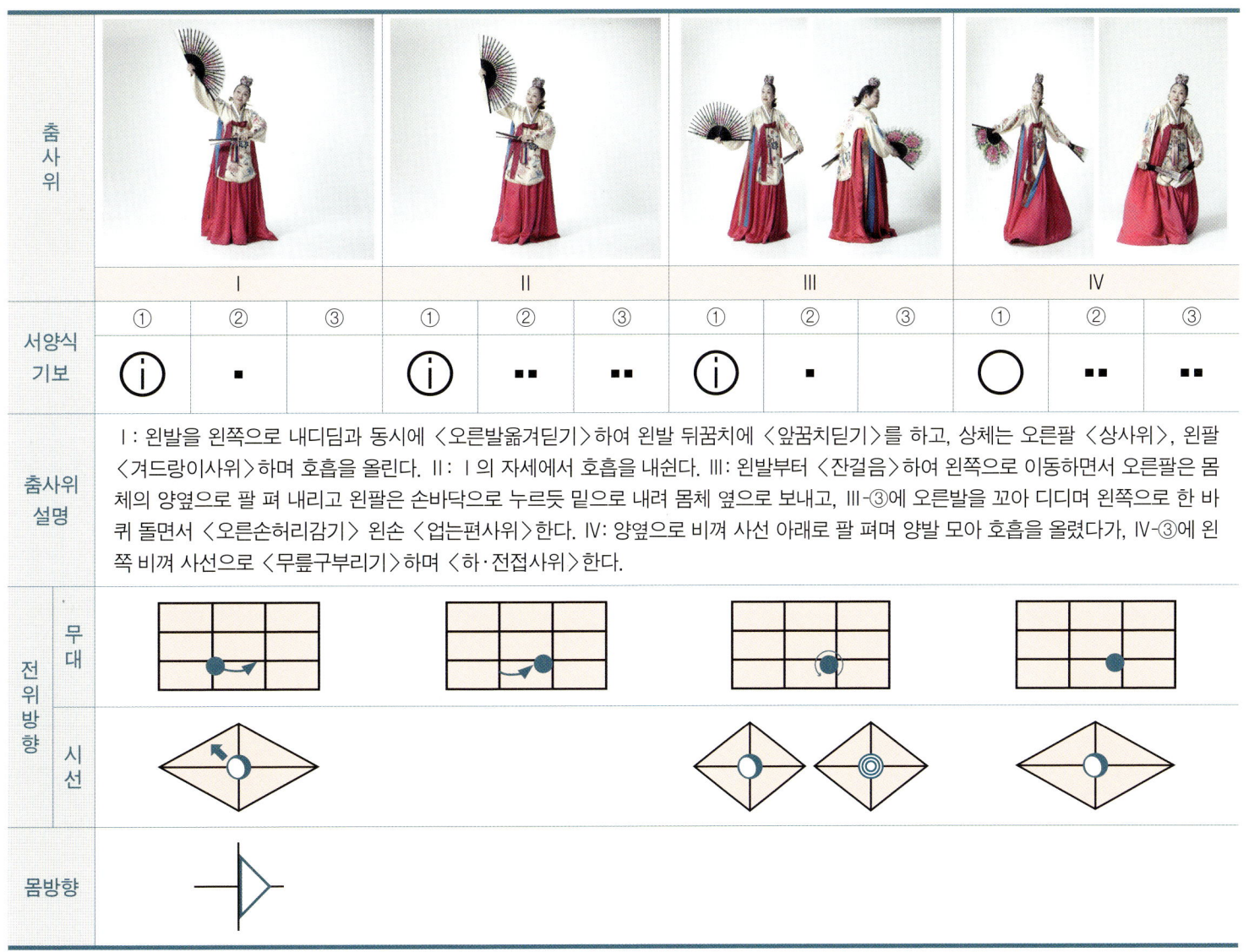

부채춤 (굿거리 1-55)

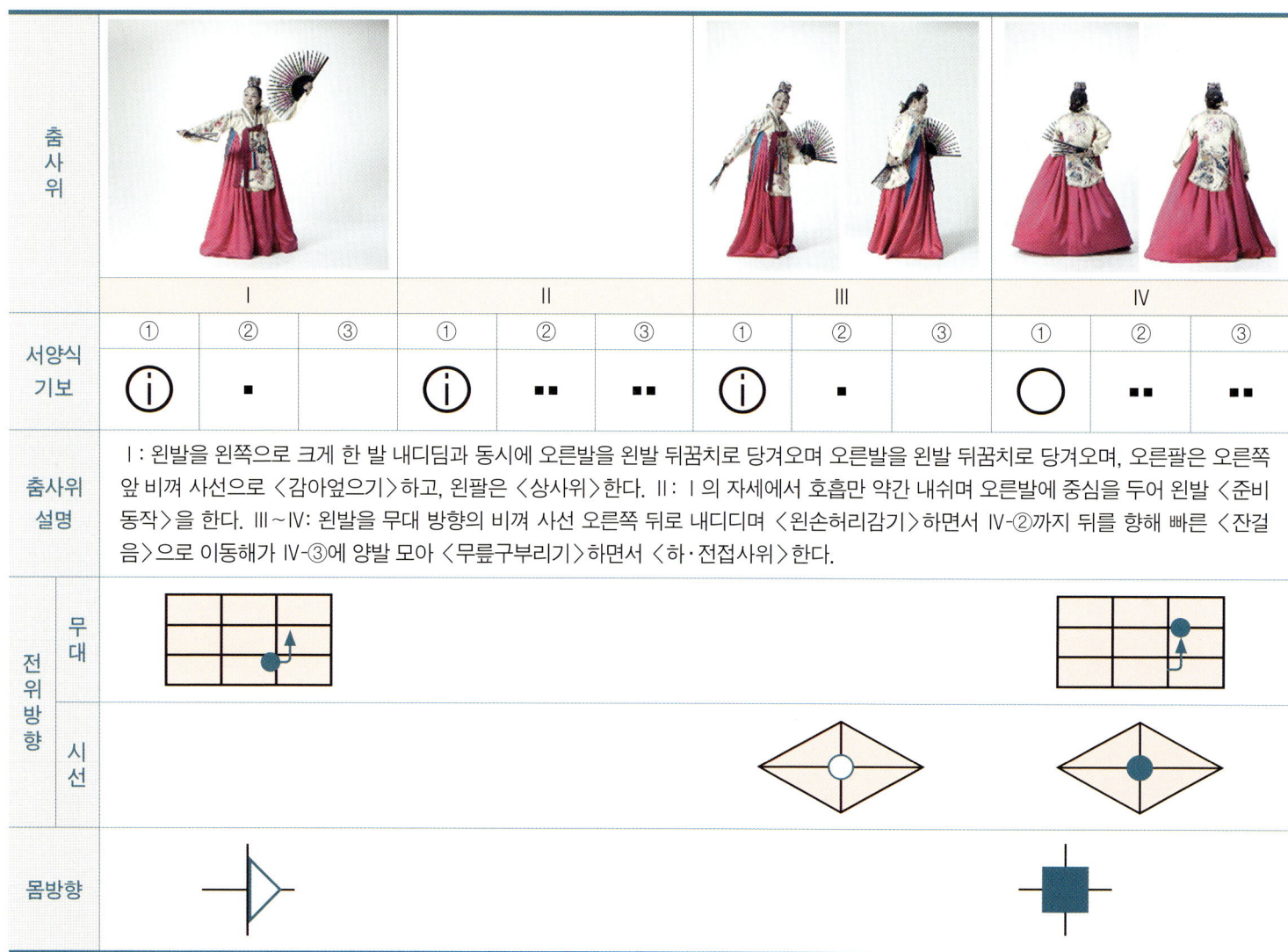

부채춤 (굿거리 1-56)

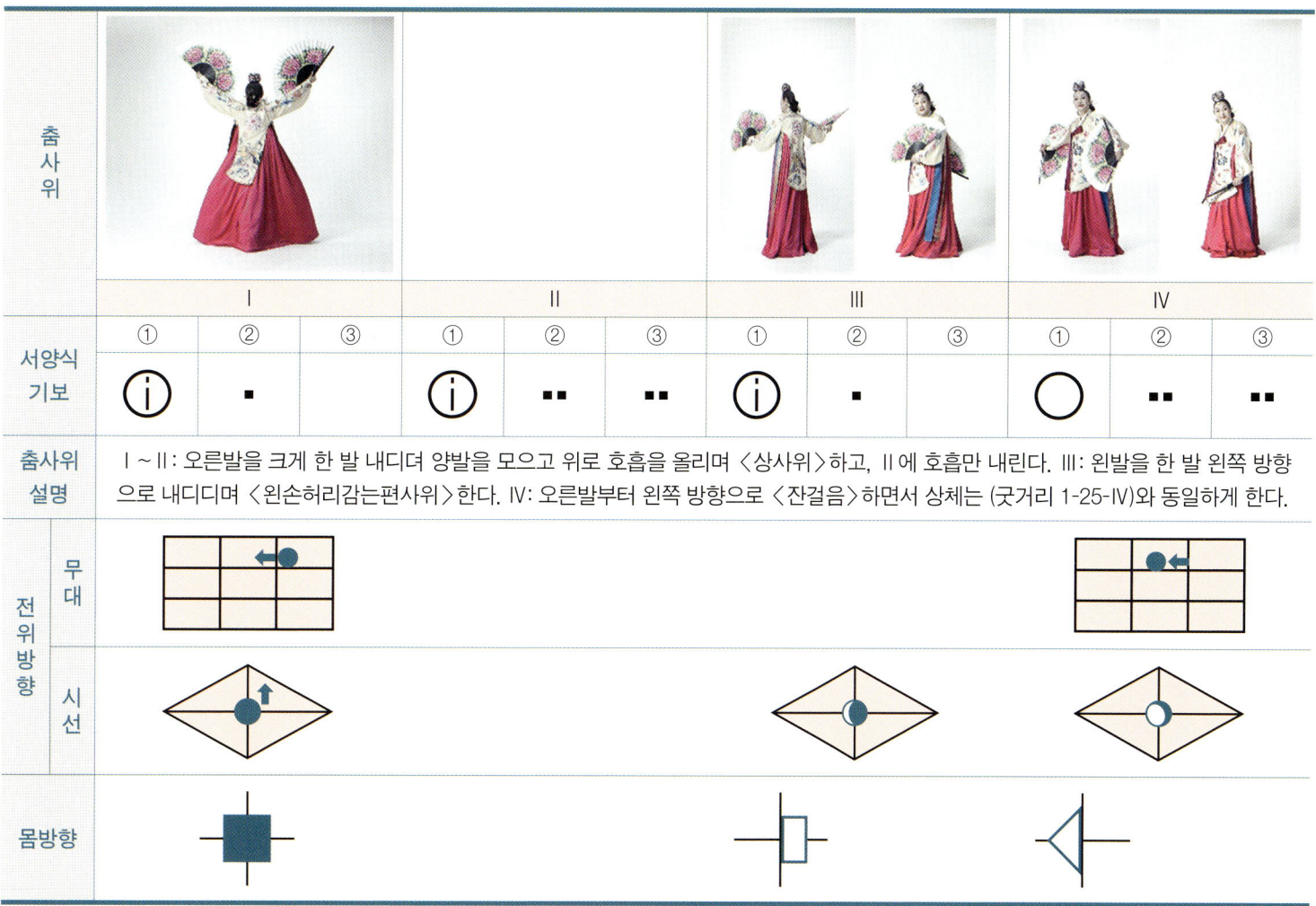

춤사위 설명: I~II: 오른발을 크게 한 발 내디뎌 양발을 모으고 위로 호흡을 올리며〈상사위〉하고, II에 호흡만 내린다. III: 왼발을 한 발 왼쪽 방향으로 내디디며〈왼손허리감는편사위〉한다. IV: 오른발부터 왼쪽 방향으로〈잔걸음〉하면서 상체는 (굿거리 1-25-IV)와 동일하게 한다.

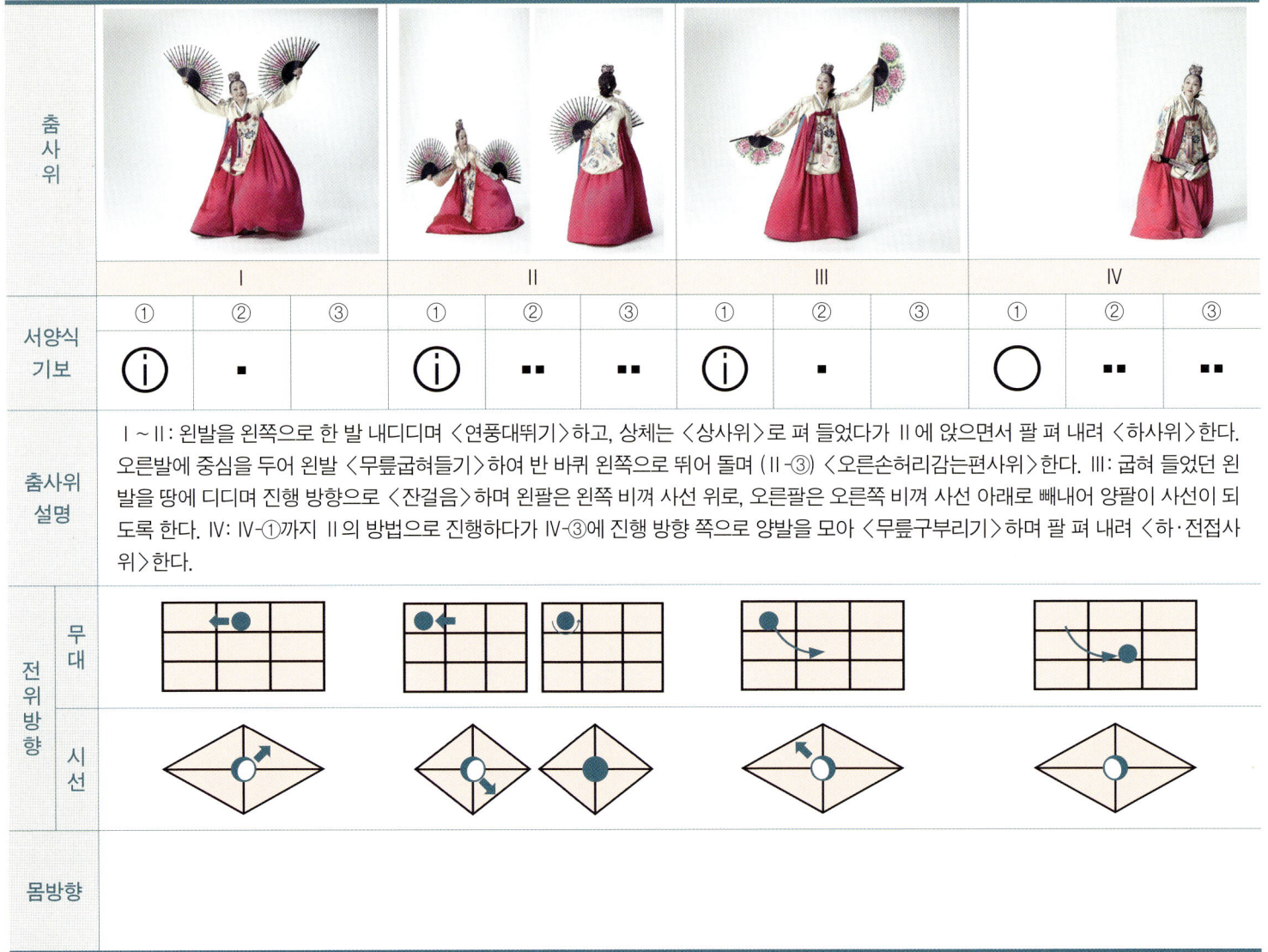

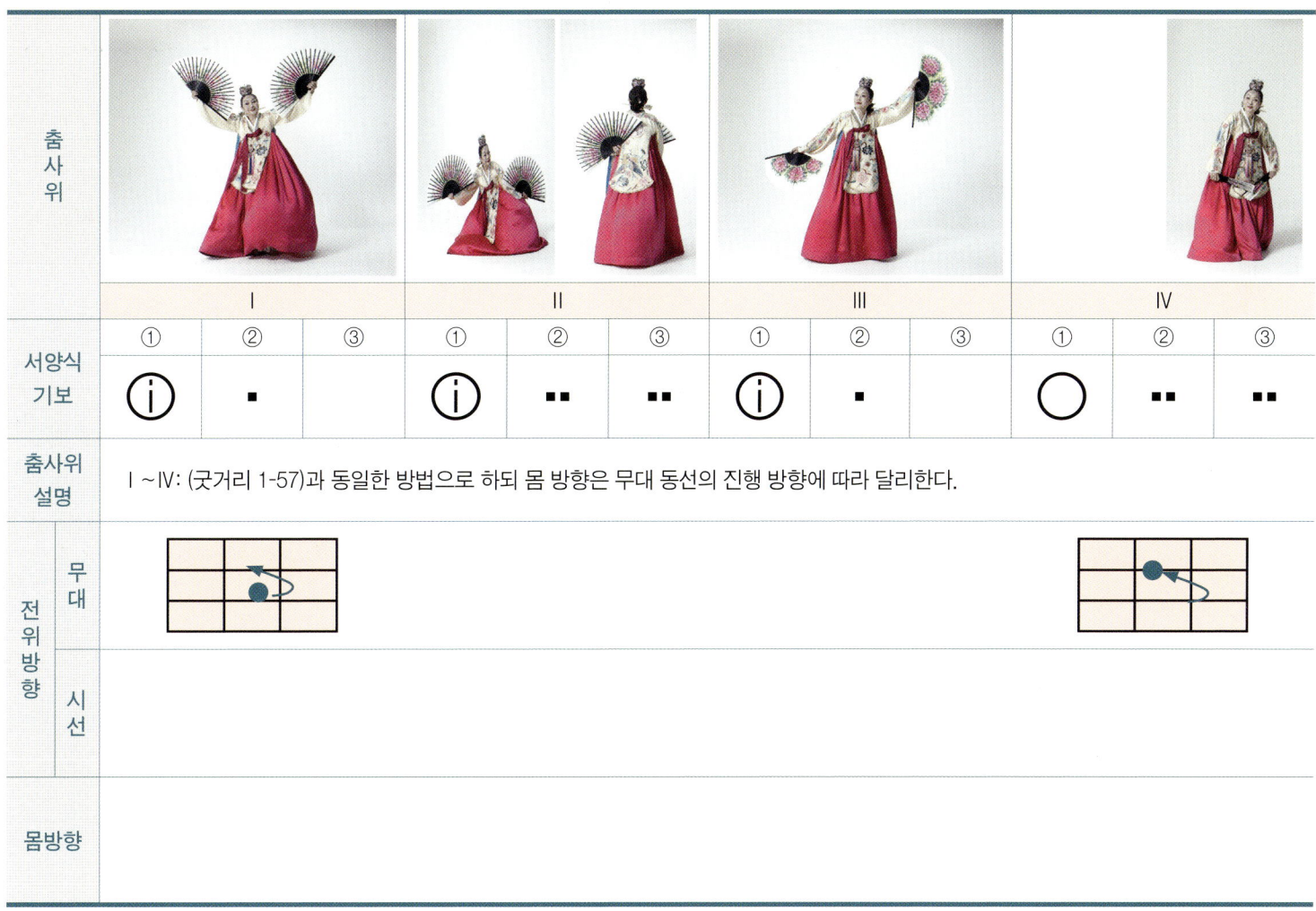

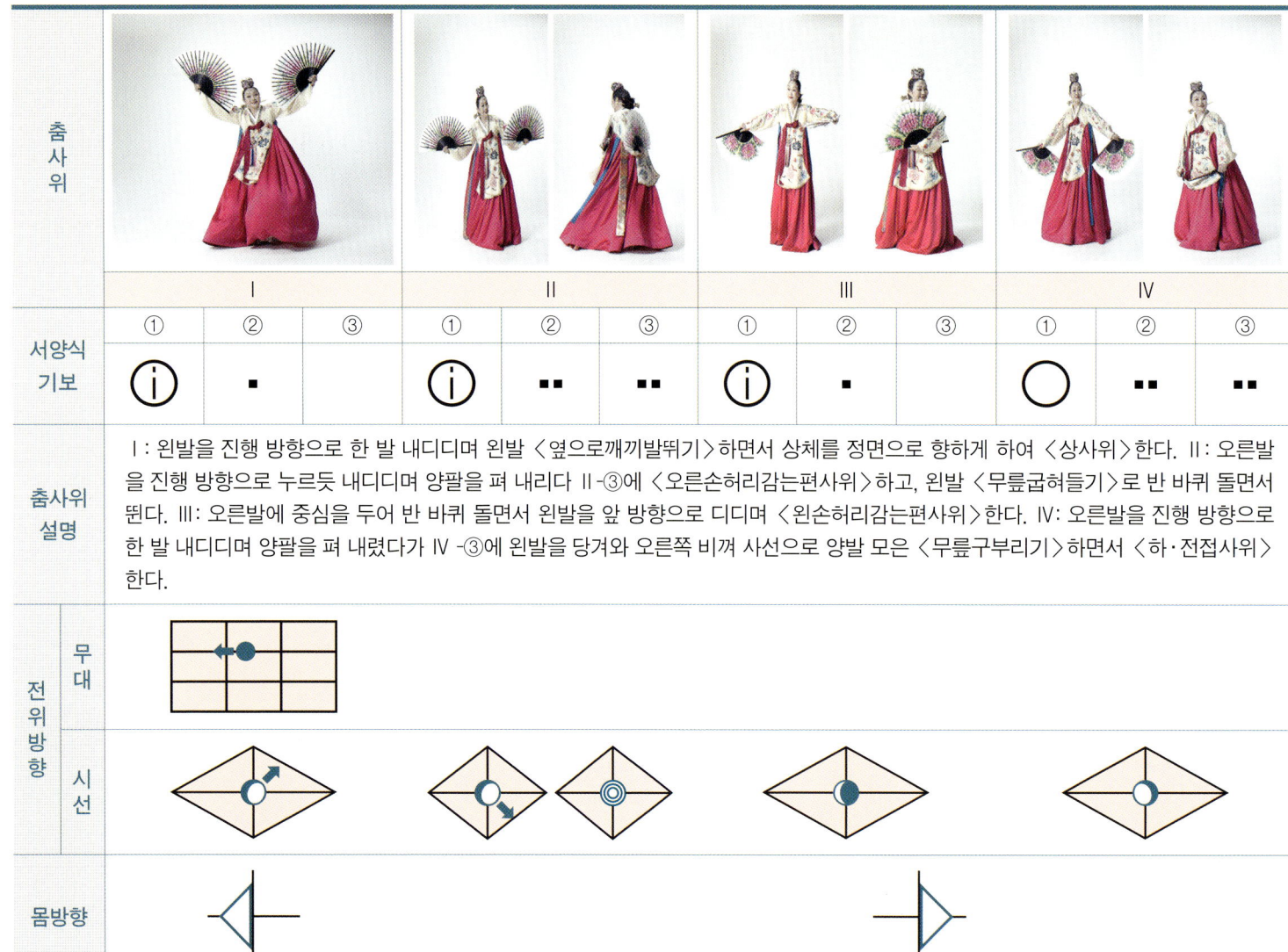

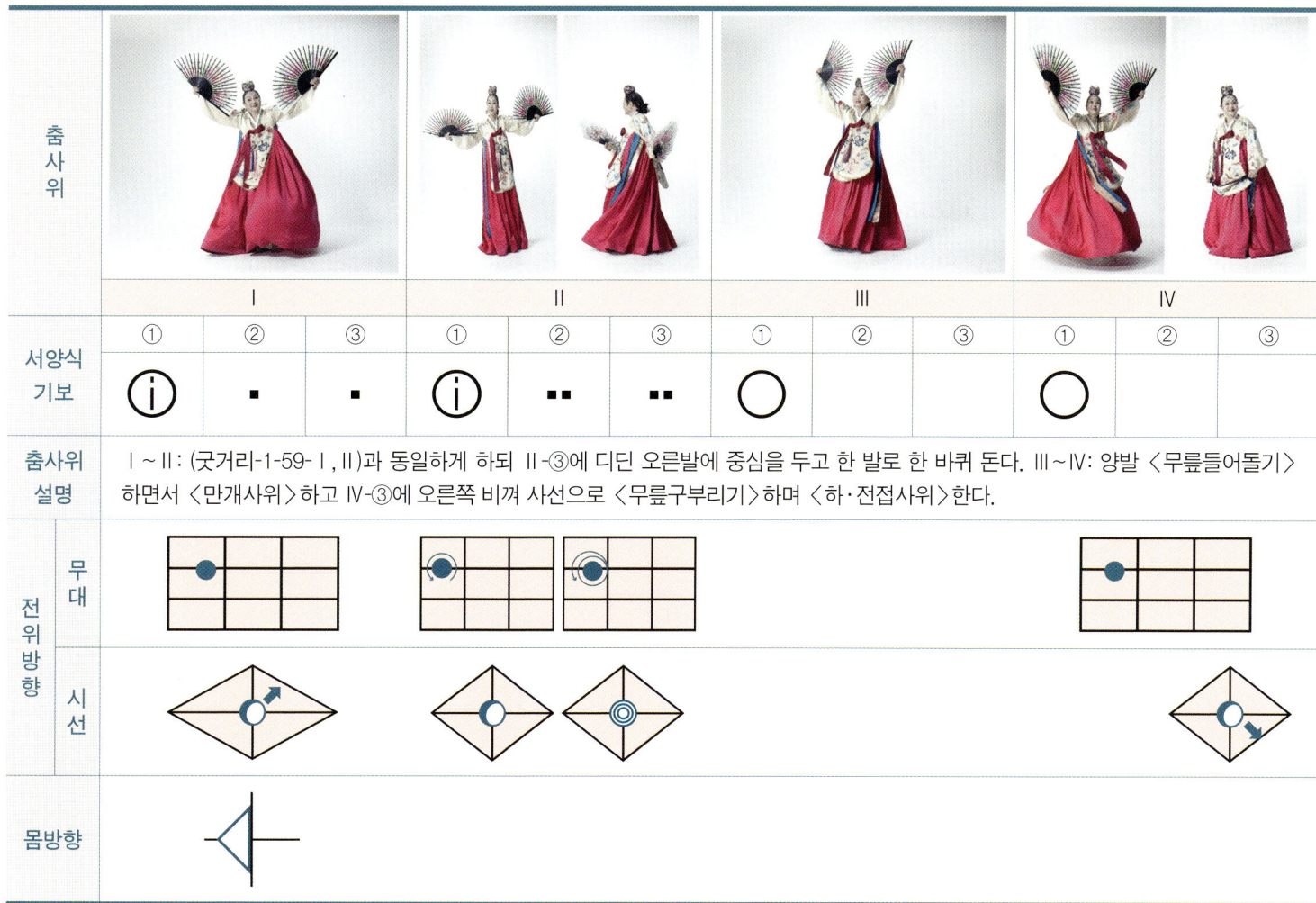

부채춤 (자진모리 1)

춤사위	I	II	III	IV
서양식 기보	ⓘ	ⓘ	ⓘ —	○ ‥

춤사위 설명

I ~ IV: 〈번개사위〉를 두 번 반복한다.

전위방향

무대 / 시선 / 몸방향

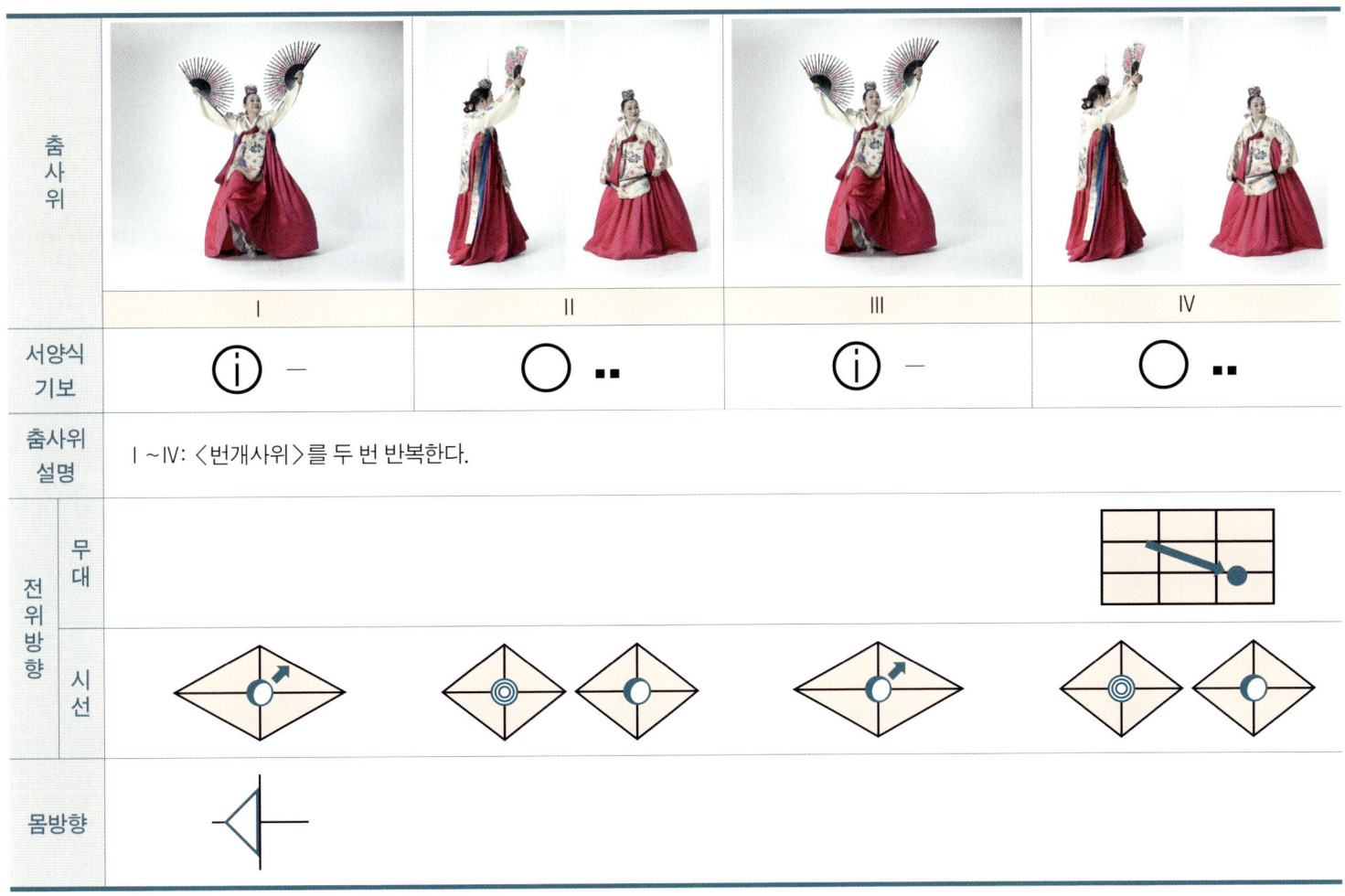

부채춤 (자진모리 3)

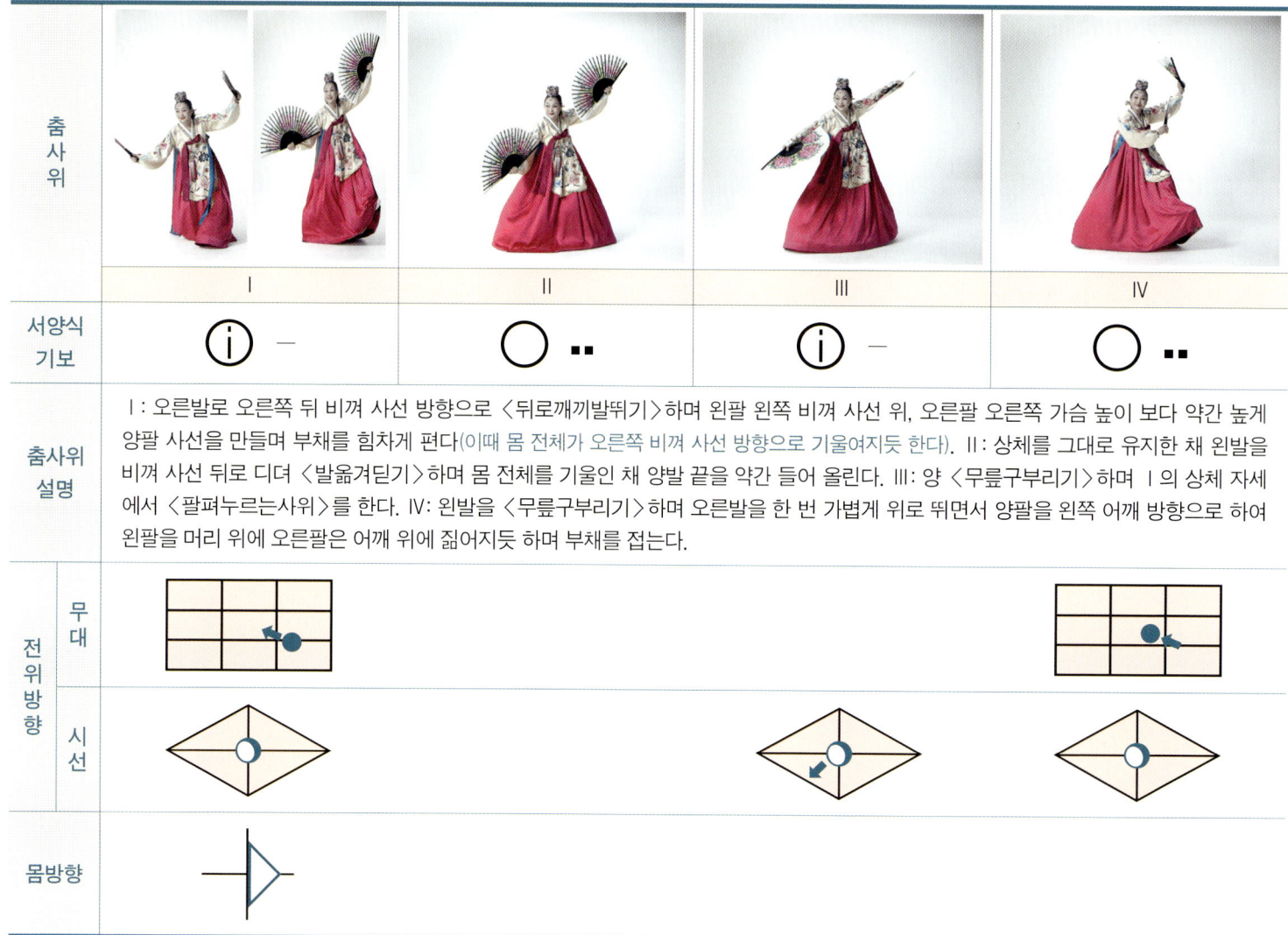

Ⅰ: 오른발로 오른쪽 뒤 비껴 사선 방향으로 〈뒤로깨끼발뛰기〉하며 왼팔 왼쪽 비껴 사선 위, 오른팔 오른쪽 가슴 높이 보다 약간 높게 양팔 사선을 만들며 부채를 힘차게 편다(이때 몸 전체가 오른쪽 비껴 사선 방향으로 기울여지듯 한다). Ⅱ: 상체를 그대로 유지한 채 왼발을 비껴 사선 뒤로 디뎌 〈발옮겨딛기〉하며 몸 전체를 기울인 채 양발 끝을 약간 들어 올린다. Ⅲ: 양 〈무릎구부리기〉하며 Ⅰ의 상체 자세에서 〈팔펴누르는사위〉를 한다. Ⅳ: 왼발을 〈무릎구부리기〉하며 오른발을 한 번 가볍게 위로 뛰면서 양팔을 왼쪽 어깨 방향으로 하여 왼팔을 머리 위에 오른팔은 어깨 위에 짊어지듯 하며 부채를 접는다.

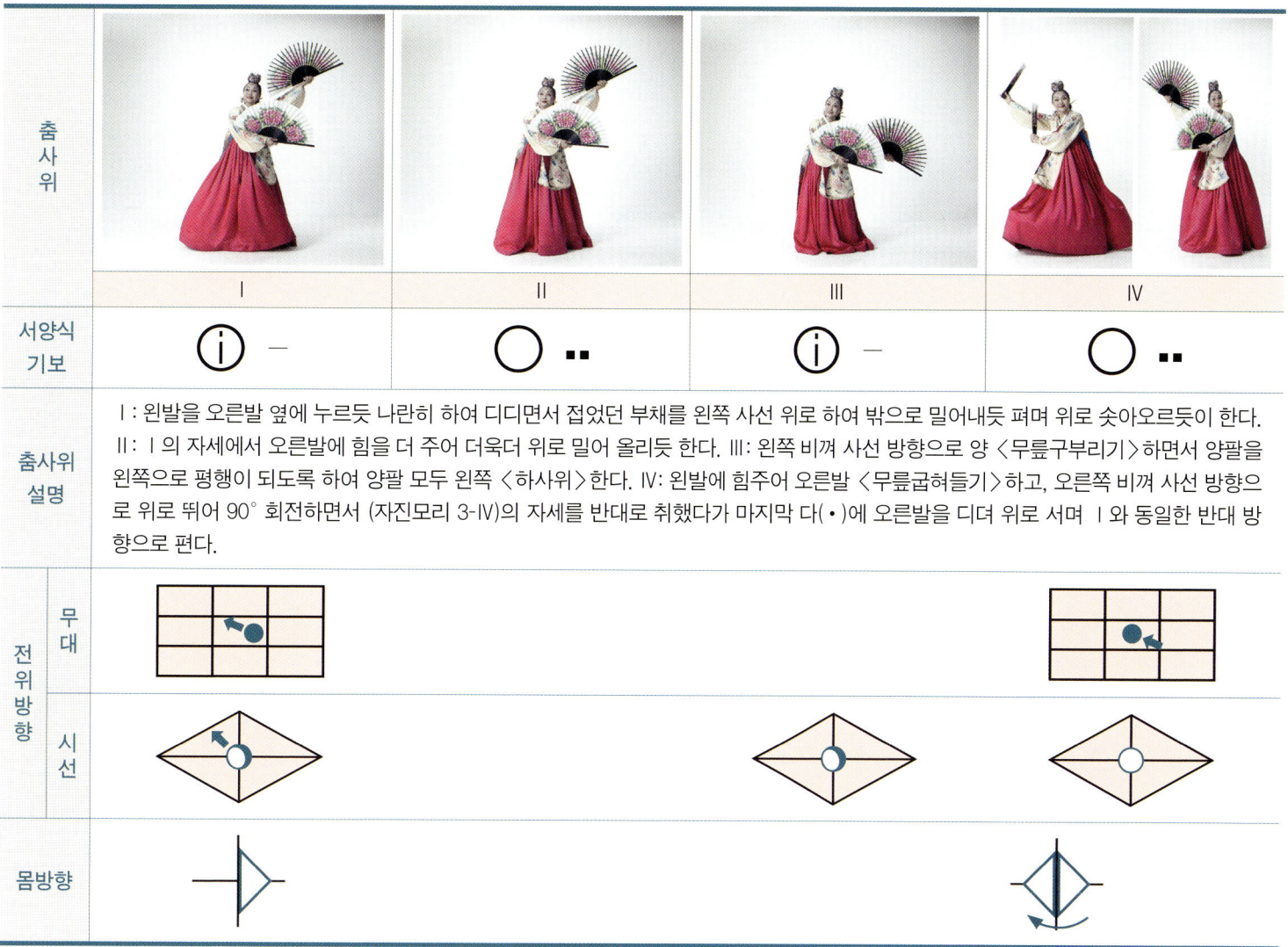

부채춤 (자진모리 5)

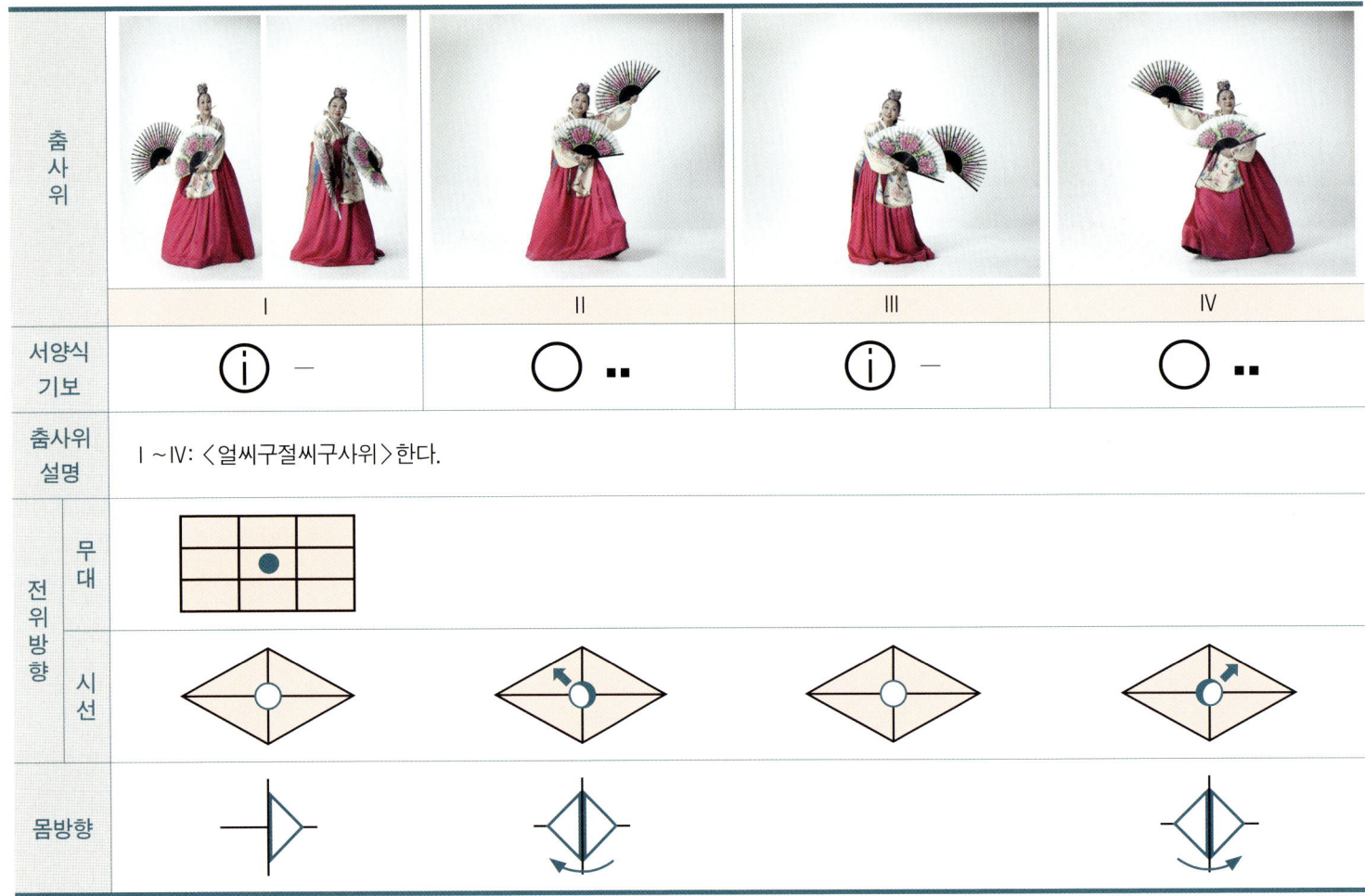

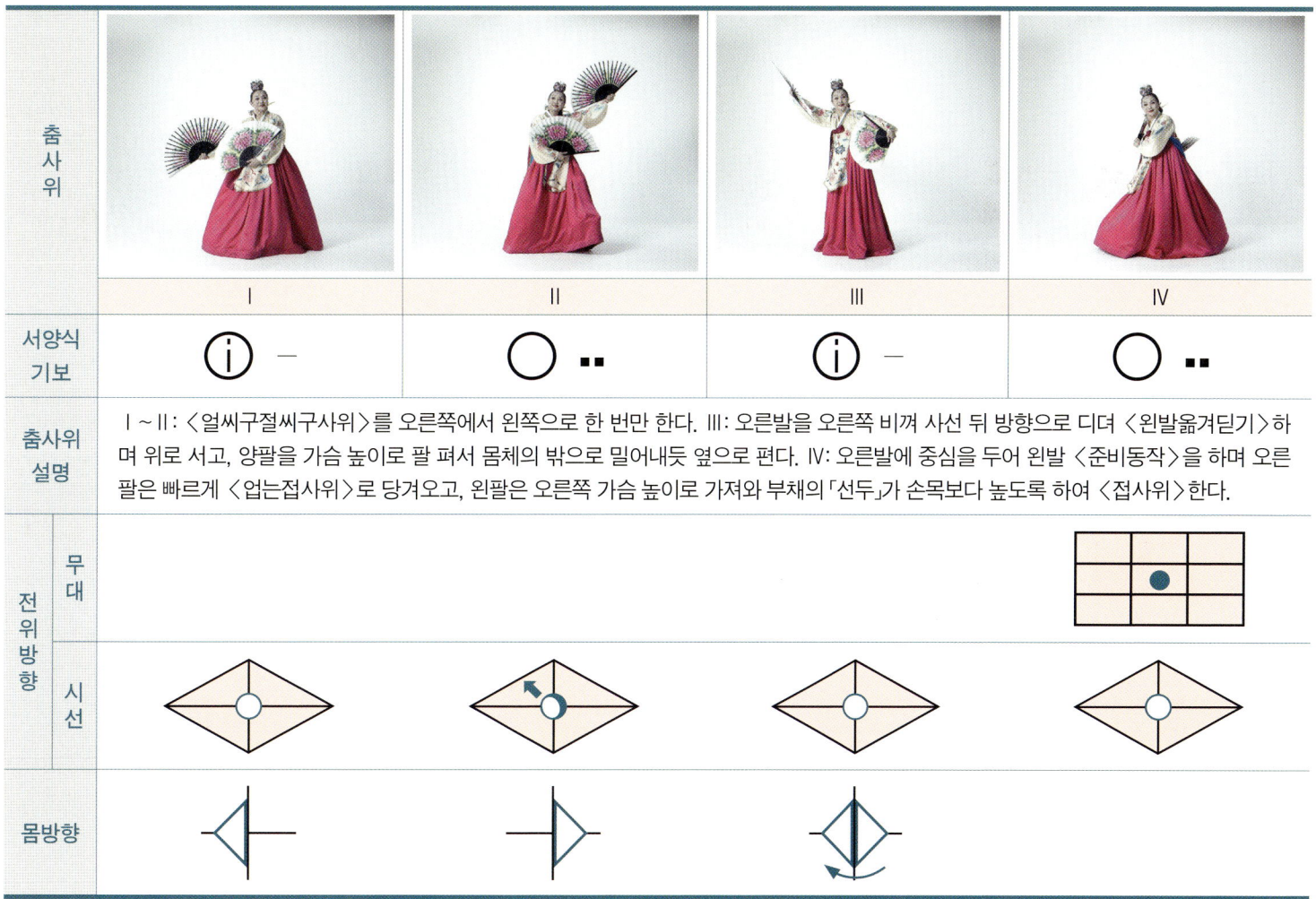

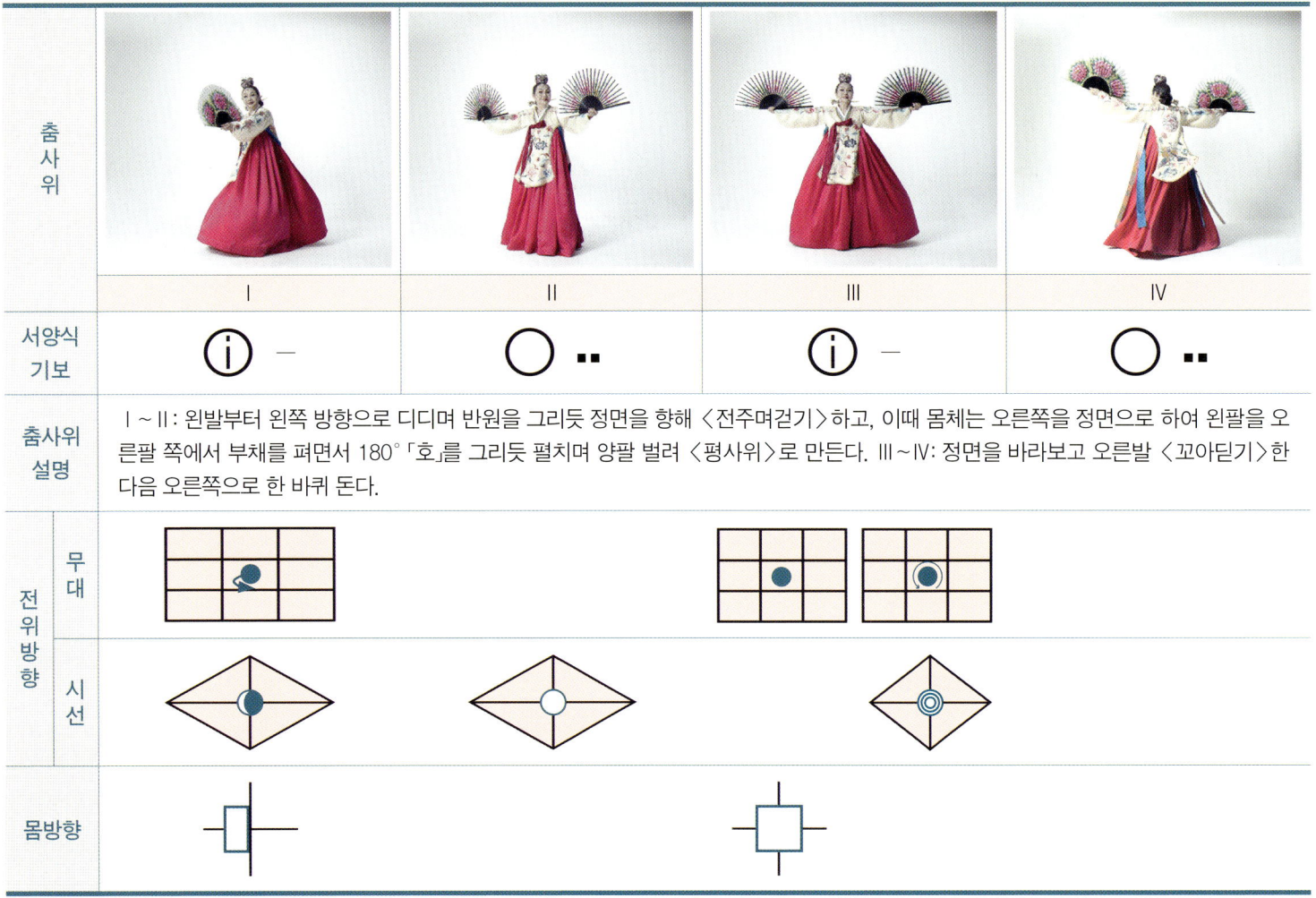

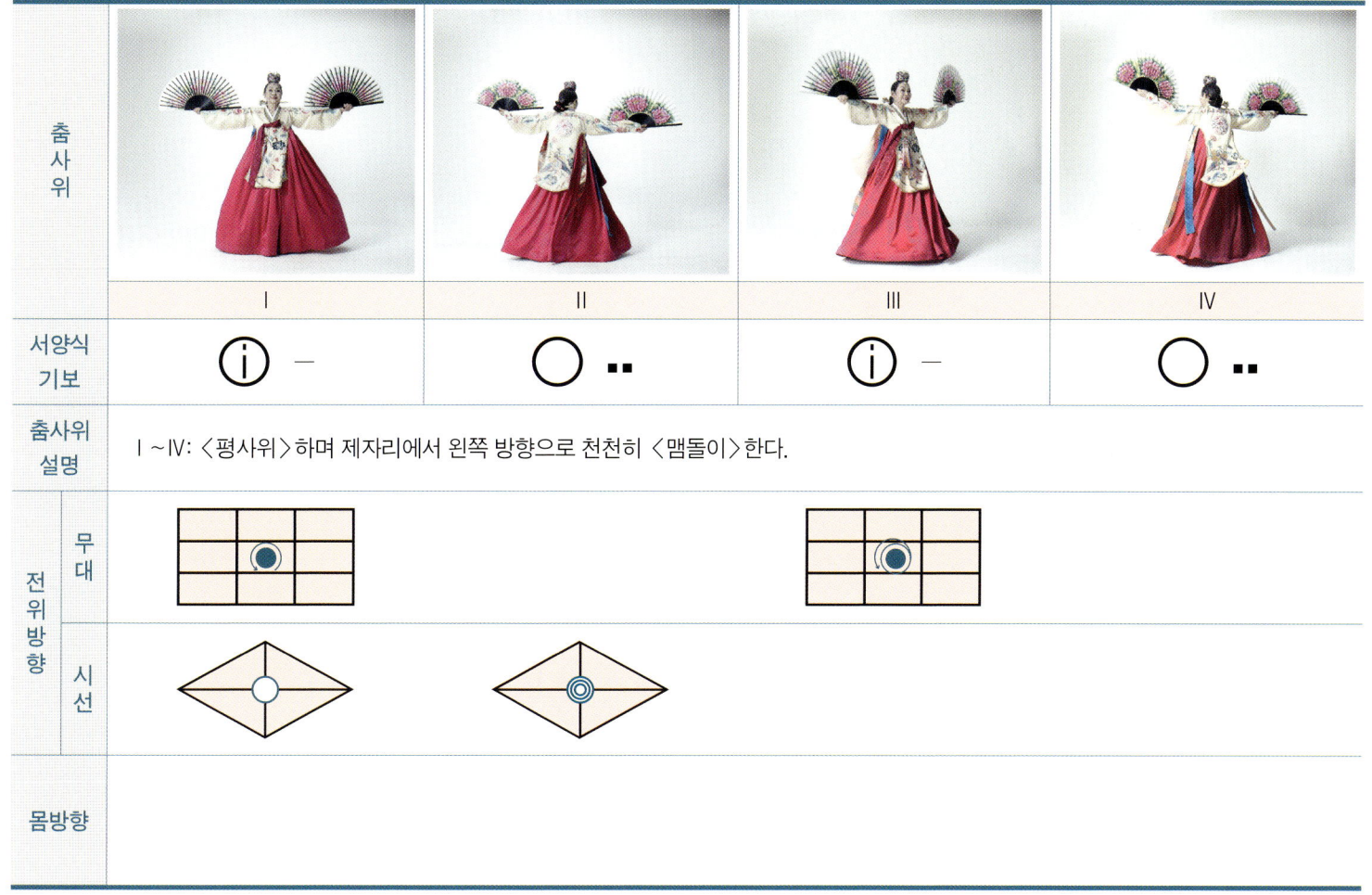

부채춤 (자진모리 9)

춤사위	I	II	III	IV
서양식 기보	ⓘ −	○ ‥	ⓘ −	○ ‥

춤사위 설명	I~IV: 〈평사위〉하며 점차적으로 속도를 더하여 〈맴돌이〉한다.

전위방향	무대	
	시선	

몸방향	

부채춤 (자진모리 10)

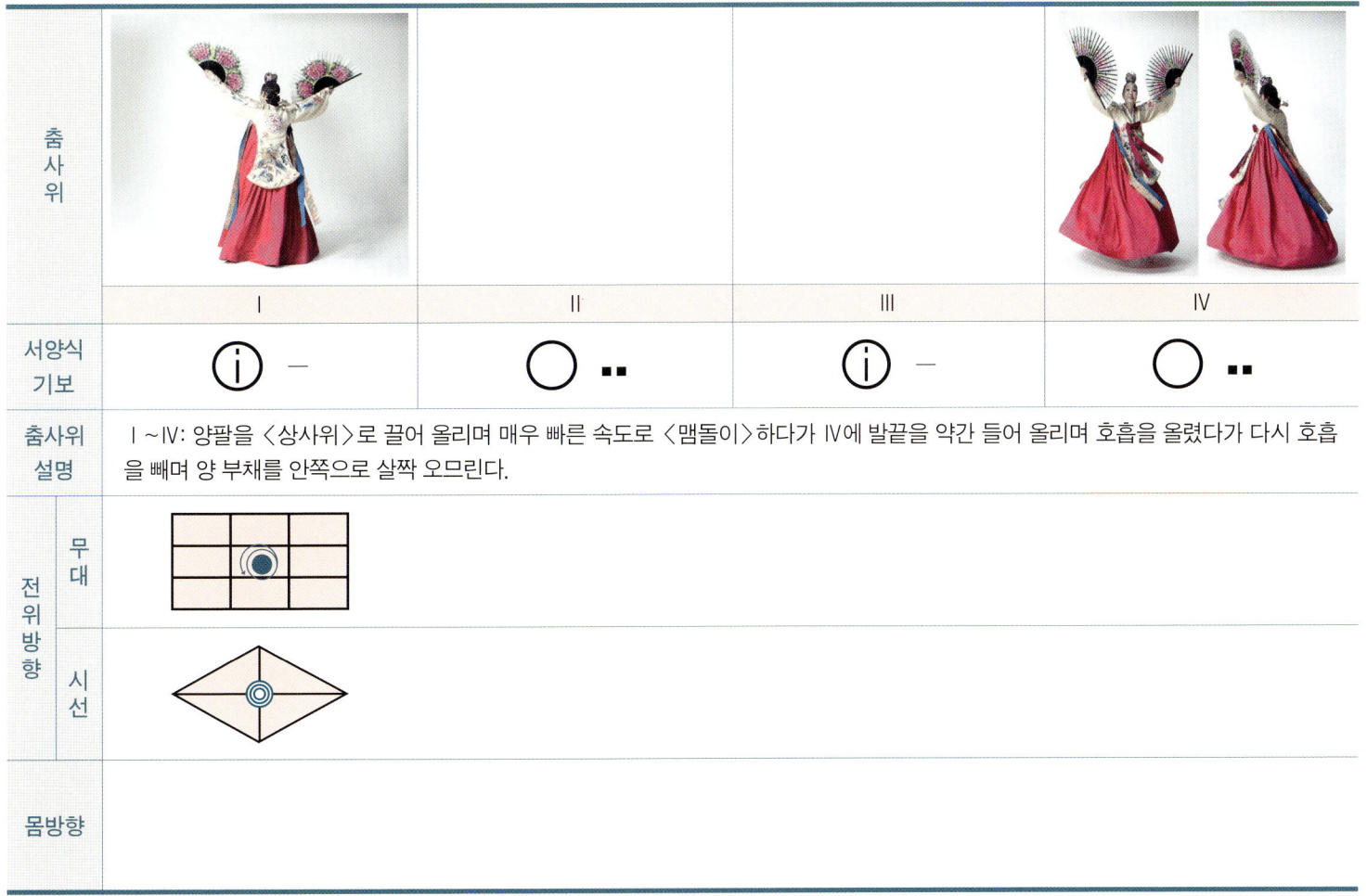

	I	II	III	IV
춤사위				
서양식 기보	ⓘ —	○ ..	ⓘ —	○ ..

춤사위 설명: Ⅰ~Ⅳ: 양팔을 〈상사위〉로 끌어 올리며 매우 빠른 속도로 〈맴돌이〉하다가 Ⅳ에 발끝을 약간 들어 올리며 호흡을 올렸다가 다시 호흡을 빼며 양 부채를 안쪽으로 살짝 오므린다.

전위방향 — 무대 / 시선

몸방향

부채춤 (자진모리 11)

춤사위	I	II	III	IV
서양식 기보	ⓘ —	— —	◐ —	— —
춤사위 설명	I~IV: 〈맴돌이〉의 속도를 점차적으로 늦춰가며 양팔을 서서히 내려 〈평사위〉를 만들며 돈다.			

전위방향	무대			
	시선			

| 몸방향 | | | | |

부채춤 (자진모리 12)

춤사위	I	II	III	IV
서양식 기보	ⓘ —	— —	⊖ —	
춤사위 설명	I ~ IV: 〈평사위〉하여 매우 느린 속도로 〈맴돌이〉한다.			

전위방향
- 무대
- 시선

몸방향

부채춤 (굿거리 2-1)

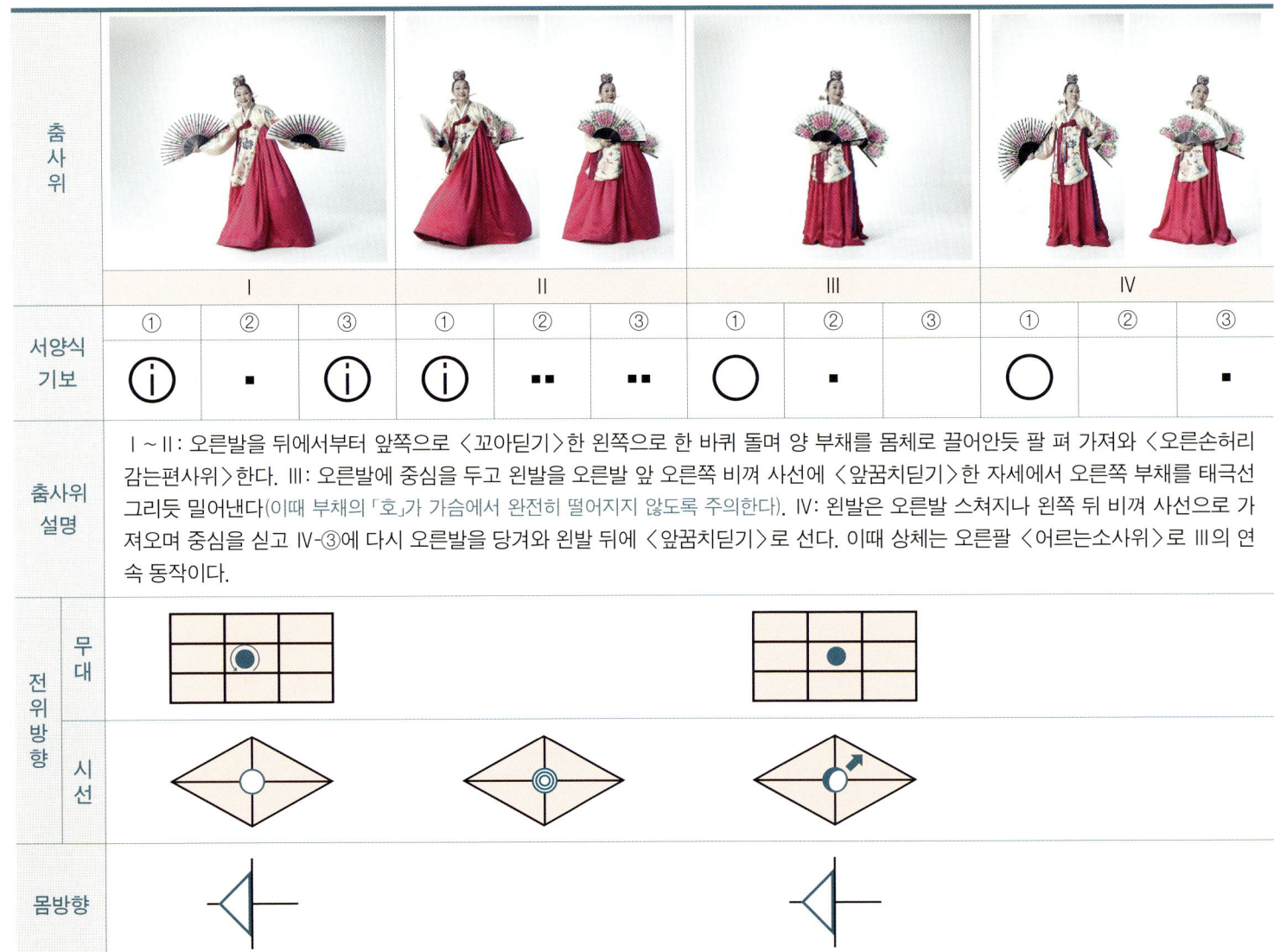

부채춤 (굿거리 2-2)

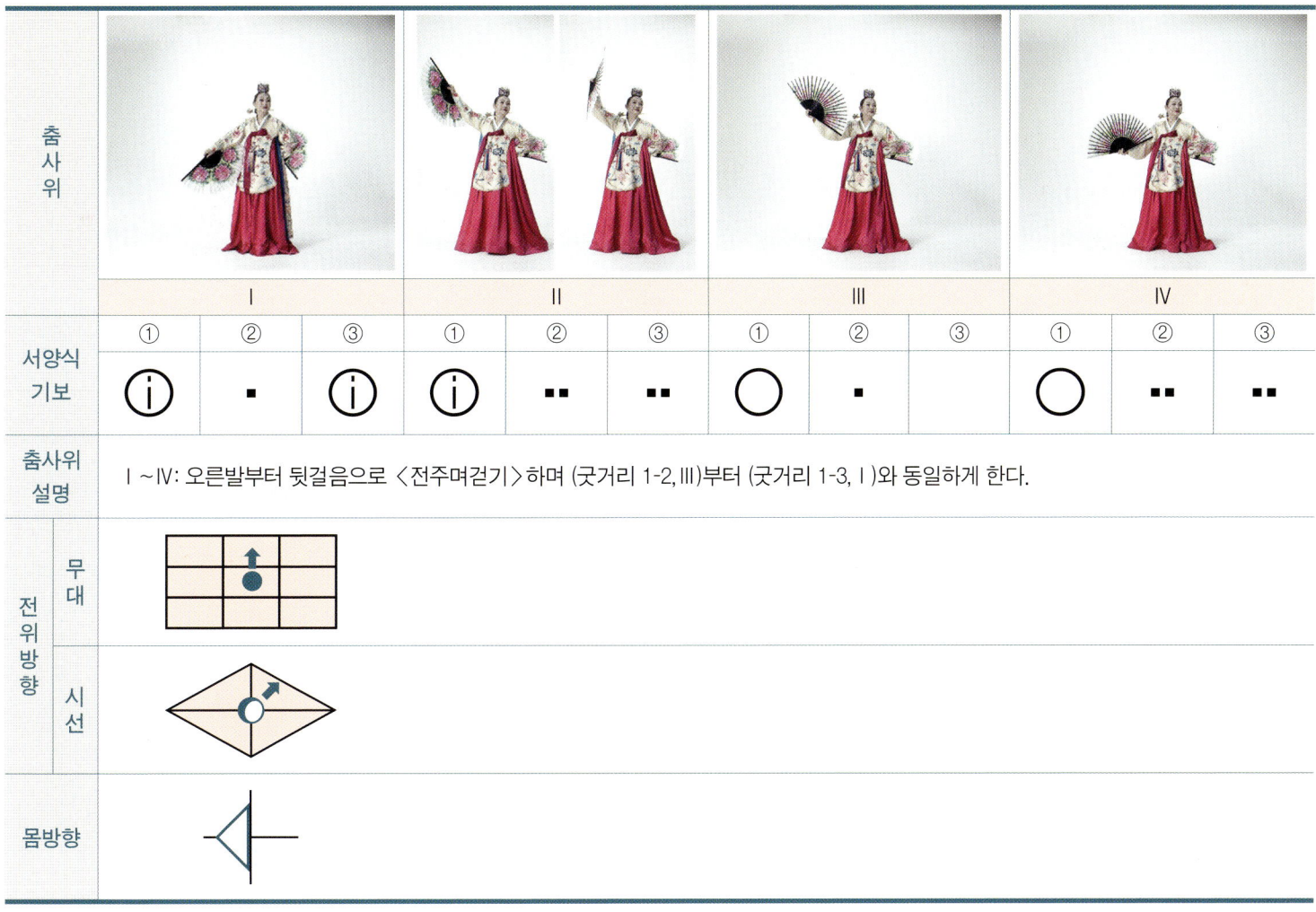

춤사위	I			II			III			IV		
	①	②	③	①	②	③	①	②	③	①	②	③
서양식 기보	ⓘ	·	ⓘ	ⓘ	··	··	○	·		○	··	··
춤사위 설명	I~IV: 오른발부터 뒷걸음으로 〈전주며걷기〉하며 (굿거리 1-2, III)부터 (굿거리 1-3, I)와 동일하게 한다.											

부채춤 (굿거리 2-3)

춤사위	I			II			III			IV		
서양식 기보	① ⓘ	② ▪	③	① ⓘ	② ▪▪	③ ▪▪	① ⓘ	② ▪	③	① ◯	② ▪▪	③ ▪▪

춤사위 설명: I~IV: 뒷걸음으로 느린 〈평걸음〉하며 (굿거리 1-3)와 동일하게 한다.

전위방향 - 무대 / 시선 / 몸방향

부채춤 (굿거리 2-4)

춤사위	I			II			III			IV		
	①	②	③	①	②	③	①	②	③	①	②	③
서양식 기보	ⓘ	■		ⓘ	■■	■■	ⓘ	■		○	■■	■■
춤사위 설명	I~IV: 오른쪽 비껴 사선 방향으로 오른발부터 〈전주며걷기〉하며 상체는 (굿거리 2-2)와 동일하게 한다.											

전위방향 — 무대 / 시선 / 몸방향

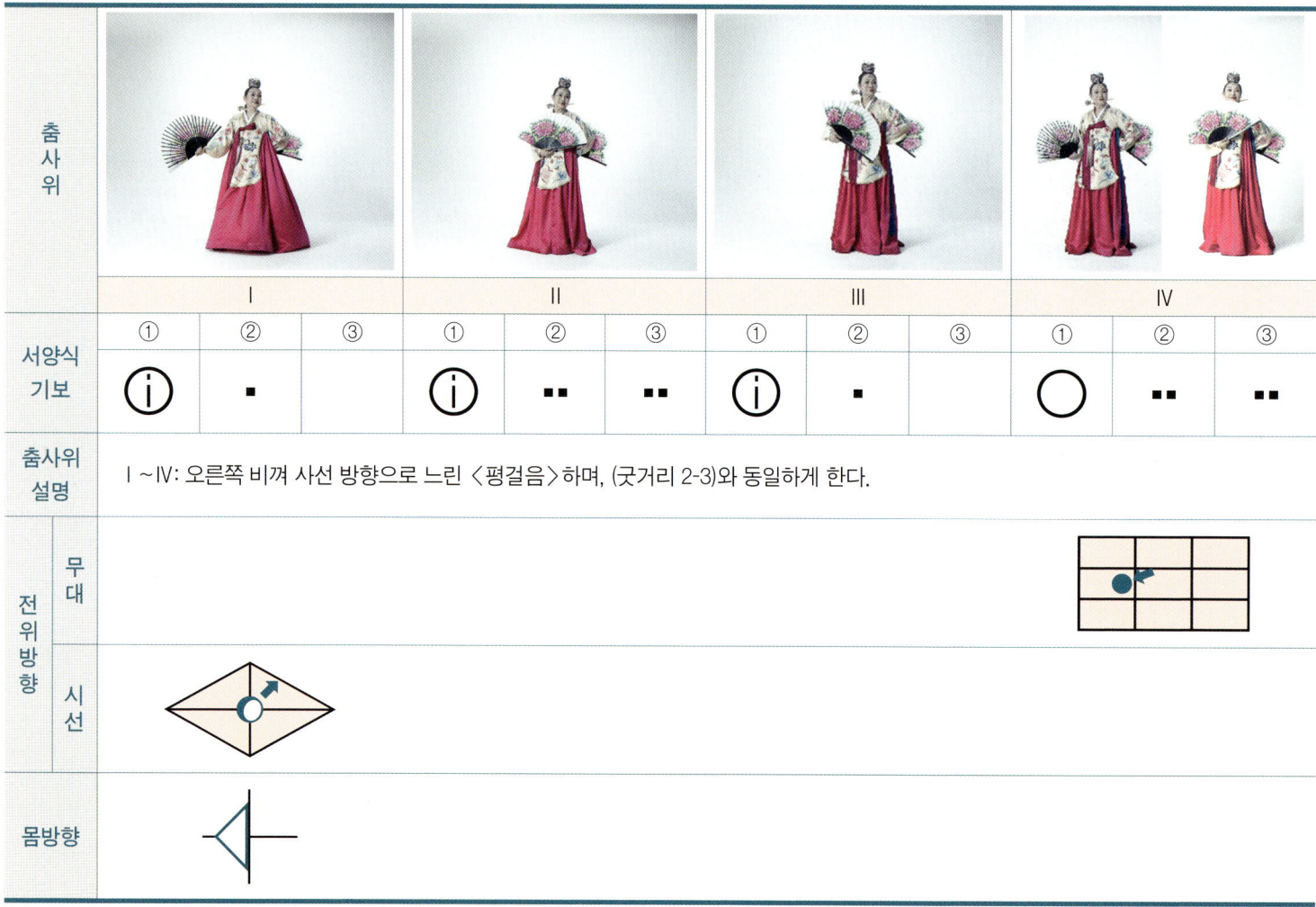

부채춤 (굿거리 2-6)

춤사위	I			II			III			IV		
서양식 기보	①	②	③	①	②	③	①	②	③	①	②	③
	ⓘ	·		ⓘ	··	··	ⓘ	·		○	··	··

춤사위 설명

Ⅰ~Ⅱ: 오른발부터 진행 방향으로 발 폭을 매우 좁게 〈전주며걷기〉하면서 Ⅰ에 호흡을 들이마시며 부채를 약간 바로 당겨 올리고, Ⅱ에 호흡을 풀며 부채를 오른쪽으로 약간 기울게 한다. Ⅲ~Ⅳ: 왼발부터 Ⅰ·Ⅱ와 동일한 방법으로 하며 Ⅳ에 부채를 왼쪽으로 약간 기울인다 (※ Ⅱ는 머리를 오른쪽으로, Ⅳ는 머리를 왼쪽으로 부채와 같이 약간씩 기울인다).

전위방향 - 무대

전위방향 - 시선

몸방향

부채춤 (굿거리 2-7)

춤사위	I			II			III			IV		
서양식 기보	①	②	③	①	②	③	①	②	③	①	②	③
	ⓘ	.		ⓘ	..	..	ⓘ	.		◯		

춤사위 설명: I~II: (굿거리 2-6)과 동일한 상체 동작을 진행 방향을 향해 〈걷기〉 동작으로 2보(步) 간다. III: 진행 방향으로 오른발을 무릎은 쭈욱 펴면서 무겁게 내디디며 오른쪽 앞 비껴 사선 방향으로 천천히 팔을 들어 올린다. IV: 왼발이 오른발을 스쳐지나 진행 방향으로 넓게 내디디며 부채를 오른쪽 앞 비껴 사선 아래 방향으로 내리면서 호흡을 내리고, IV-③에 양 무릎을 펴면서 〈오른손허리감기〉한다.

전위방향 - 무대:

전위방향 - 시선:

몸방향:

김백봉부채춤의 미(美)와 가치(價値)

　미의식은 욕구와 요소 사이에서 그리고 바람과 결실 사이에서 인지되는 역학적 균형 상태가 계기 지워지면서 이루어지는 가치 의식이므로, 영역마다 그리고 예술품마다 그 형식적·형태적·구조적인 본질을 달리할 수밖에 없다. 따라서 이 모두에게 공통으로 적용되는 규범이란 존재할 수 없는 것이다. 그러므로 무용미는 무용이라는 독립된 형식 규범과 함께 개개의 예술가가 견지는 미의식을 비롯하여 한 나라, 한 민족, 한 시대상이 견지했던 미적 체계와 특질을 유념하여 접근해야 한다.
　이를 토대로 무용을 예(藝)의 영역으로 한정지었을 때, 「예」라고 일컬어지는 형태나 영역의 성격은 재예(才藝)·기예(技藝)·기능(技能) 등 예와 관계되는 내·외적 활동 전반에 걸친 포괄적 준치를 나타내는 개념으로, 그 본질은 지식이나 지혜와 같은 정신적 혹은 내적 활동 영역을 가리키는 개념이 아니라, 그런 내계 충동의 실천 과정에서 필요로 하는 방법이자 절차이고 기술임을 말해주는 것이다. 다시 말해, 한 예술가 또는 예술품의 미적 가치를 논할 때 그 범위를 어디에 한정 짓는가는 앞서 언급한 바와 같이 한 예술가의 미의식과 그가 속한 예술 범주의 형식 규범 그리고 시대상의 미적 체제와 더불어 그러한 배경을 전제로 작품이라는 외형적 실체를 어떻게 실천하여 나갔는가에 대한 기술적 측면까지 다루어야 한다는 것이다.

〈김백봉부채춤〉의 작품을 통해 표상되는 「아름다움」이나 「화려함」이 곧 작품의 미적 가치라고 볼 수 없는 것도 바로 이러한 미적 원리에 입각한 결과라고 할 수 있으며, 작품에서 보이는 회전이나 도약 또한 무용의 기술적 측면으로만 볼 수 없는 것도 바로 이러한 이유에서이다.

〈김백봉부채춤〉의 미적 특징은

첫째, 부채를 '감고' '펴 올림'에 있어 직선이나 직각 대신 「태극선」 형태의 완곡선형을 지향하고, 한국의 전통적 심상인 끈기와 무게로 부채를 '받쳐 올리고,' '밀어내리는' 춤사위는 빠른 자진모리장단과 만나 생명력이 앙양(昂揚)되는 심리적 유전(流轉)을 감득하게 한다.

둘째, 조형에 있어 고전적 특색과 현대적 조화미를 지향한다. 양손의 부채를 다양한 형태로 펴고 접는 사위, 예컨대 「동시성개폐(同時性開閉)」라든가 「이시성개폐(異時性開閉)」·「대위성개폐(對位性開閉)」·「교차성개폐(交叉性開閉)」 등과 같은 대칭과 비대칭이 조화를 이루며, 유선처럼 흐르는 팔 사위의 고전적 완곡함과 어우러져 절묘한 조화미를 창출한다.

셋째, 궁중무용이 지향하는 절제된 교양미와 형식미 그리고 우아하면서도 신비스러운 멋이 마치 동양화의 여백을 느낄 수 있게 만드는 여백의 미는 소박하고 서민적인 민속 무용으로서의 특징과 오묘하게 혼요하며 김백봉 특유의 중용적 형식미를 추구한다.

넷째, 〈김백봉부채춤〉이 조형하려고 하는 일체의 춤사위는 철저하게 목적적 취지를 가지고 조형해 낸 것이다. 「기지개사위」·「만개사위」·「돈돈사위」 등과 같은 상징 사위는 바로 우리의 생활이나 자연과 같은 아름다운 시정 속에서 소재를 찾아 그것을 형식을 갖추어 춤사위로써 응용하여 표현한 것이다.

다섯째, 김백봉이 표현하고 추구하는 일체의 미의식 즉, 전통미와 현대미의 오묘한 조화 그리고 교양미·형식미·여백미와 같은 정제적 미와 민속적이고 서민적인 소박한 미가 절묘하게 혼요된 결정체로서의 미의식은, 작품 전체적 이미지로써 뿐만 아니라 조형하는 춤사위의 전이에 있어 매 순간 정교함과 치밀함으로 완성된다. 따라서 부채는 소도구나 액세서리일 수 없으며 의미 없이 부채를 이용한 경박한 조형은 금지되고 있다.

여섯째, 모든 춤사위는 무대라는 시연 공간과 관객이라는 대상을 철저하게 전제하고 있으므로, 부채와 신체의 조화로운 움직임은 전면에서 보았을 때 가장 이상적인 미를 표출할 수 있도록 그 시각적 특징을 인식하고 조형되었다.

에필로그

독무시절 전기, 김백봉부채춤

'2014 춤의 아리랑'에서, 안병주

'2012 명작명무전'에서, 안병주

'2012 명작명무전' 홍보사진 촬영 중인 김백봉

'2012 명작명무전' 홍보사진 촬영 중인 김백봉과 안병주

'2012 명작명무전'에서, 김백봉과 안병주

'2012 명작명무전'에서, 김백봉

'2012 명작명무전'에서, 안병주

2019 제40회 서울무용제 '명작무극장' 중에서 춤추는 안병주를 바라보는 김백봉

2019 제40회 서울무용제 '명작무극장'에서, 안병주

'2012 명작명무전'에서, 김백봉

2019 제40회 서울무용제 '명작무극장'에서, 안병주

충남 전통 예술 브랜드 공연 2018 '그랬슈 콘서트'에서, 안병주 춤·이음 무용단

'2006 김백봉 예의삶'에서, 안병주와 안병주 춤·이음 무용단

'2006 김백봉 예의삶'에서, 안병주와 안병주 춤·이음 무용단

2019년의 김백봉

참고문헌

1) 논문
    박지영, 「김백봉류 산조춤 〈청명심수〉에 관한 연구 - 진양조를 중심으로-」, 경희대학교 대학원 석사학위논문, 2005. 2.
    안제승, 「Preservation & Deformer 논고(論考)」, 『대한무용학회논문집』, 대한무용학회, 1978.
    유옥재, 「부채춤의 문화사적 의의」, 『대한무용학회논문집』 제30호, 대한무용학회, 2001. 9.
    이영희, 「부채춤 연구」, 경희대학교 대학원 석사학위논문, 1977.
    정은혜, 「舞踊 '散調' 硏究 : 創作背景과 춤사위를 中心으로」, 경희대학교 대학원 석사학위논문, 1982. 2.

2) 신문 및 잡지
    김백봉, "My way, My life", 《여원》, 1989. 2.
    김규동, "지성이 짜내는 〈밤〉의 로맨티즘", 《조선일보》, 1954. 12. 3.
    조동화, "努力의 美技", 《조선일보》, 1956. 5. 2.

3) 영상자료
    "김백봉 증언", 김백봉 문화원, 2003. 5.~2005. 5.
    CTN 인생 에세이, "김백봉, 한 마리 학이 되어 비상하는", 1997. 12.
    KBS TV명인전, "구도를 향한 춤사위-아! 김백봉", 2004. 4.

4) 사진
    최영모
    김주빈
    한국문화재재단
    한국무용협회 옥상훈

김백봉부채춤

ⓒ 안병주 2019

1판 1쇄 발행 2019년 12월 17일

지은이 안병주
펴낸이 김재문

책임편집 정수연
마케팅 이종일
디자인 이정아
펴낸곳 도서출판 상상
출판등록 2010년 5월 27일 제321-2010-000116호
주소 (06651) 서울시 서초구 반포대로 14길 71 서초에클라트 1508호
전화 02-588-4589
팩스 02-588-3589
홈페이지 www.sangsang21.com

ISBN 979-11-968775-0-7 (93680)

* 이 책의 판권은 지은이와 도서출판 상상에 있습니다.
  이 책 내용의 일부 또는 전부를 재사용하려면 사전에 양측의 동의를 받아야 합니다.
* 이 도서의 국립중앙도서관 출판예정도서목록(CIP)은 서지정보유통지원시스템 홈페이지(http://seoji.nl.go.kr)와 국가자료공동목록시스템(http://www.nl.go.kr/kolisnet)에서 이용하실 수 있습니다.(CIP제어번호: CIP2019050329)